Disney

VILAINS

LES RECETTES DÉSENCHANTÉES

hachette HEROES

Disney

VILAINS

LES RECETTES DÉSENCHANTÉES

hachette HEROES

Sommaire

Plats principaux

Gâteaux & tartes

Biscuits & douceurs

Cocktails

Introduction

Depuis des décennies, les méchants des films d'animation Disney complotent, fomentent et nous amusent de leurs comportements infâmes. De la silhouette ténébreuse et démesurée de Chernabog à la malédiction de Maléfique, ils nous poussent tous à accepter notre côté obscur dans la bonne humeur.

Ce livre de cuisine regroupe les recettes de succulents amuse-gueules, entrées, desserts, boissons et de bien d'autres mets inspirés par les méchants Disney. Des spécialités méchamment savoureuses telles que les Pommes empoisonnées, la Salade à la fleur magique et le Gâteau de non-anniversaire feront sensation lors de votre prochaine fête à thème, de votre soirée d'Halloween ou d'un mémorable dîner de famille. Que vous vouliez préparer un repas pour une personne ou réunir vos amis ou vos proches, créer un plat succulent et gourmand est à la fois passionnant et créatif dès qu'il s'agit de célébrer votre méchant préféré, que ce soit Ursula, la sorcière des mers, ou le flamboyant Hadès.

Si endosser l'identité d'un méchant diabolique peut s'avérer nocif pour votre santé, les recettes réunies dans ce livre sont délicieuses et inoffensives. Des astuces vous expliquent même en quoi ce sont des versions plus saines de grands classiques. Vous trouverez des recettes qui utilisent des fruits, des légumes et des protéines végétales ainsi que des ingrédients faibles en sel, sucre et mauvaises graisses.

Que vous vous sentiez aussi royale que Madame de Trémaine, aussi égocentrique que Gaston, aussi diabolique que Scar ou aussi cruelle que Cruella, ces en-cas tentateurs, ces mets ensorcelants et ces plats diaboliques ne manqueront pas de vous inspirer vos plans les plus machiavéliques.

Quelques petits conseils...

De nombreuses recettes de ce livre s'adressent aux débutants. Si vous vous lancez en cuisine, vous préfèrerez peut-être commencer par les plats les plus simples.

- **Amuse-gueules :** Party mix de Flotsam & Jetsam, Boule au fromage et à la bière
- **Petit déjeuner :** Petit déjeuner aux douze œufs, Smoothie des Enfers
- **Salades et légumes :** Salade du soleil horrible et salutaire, Boucles blondes de courge spaghetti
- **Plats principaux :** Bouillon pour dragons malades, Poitrine à la mode du *Jolly Roger*
- **Gâteaux et tartes :** Gâteaux magma
- **Biscuits et friandises :** Sceptres du cobra, Queues de tigre
- **Boissons :** Déguisement de la mégère, Frozé rouge à cœur

Prêt à vous lancer ? Alors ce qui suit devrait vous aider à trouver votre chemin dans la cuisine.

1) N'oubliez pas que tout le monde a été un débutant un jour
Même le plus compétent des grands chefs a commencé par apprendre les bases auprès de personnes qui cuisinaient depuis longtemps et qui avaient donc plus d'expérience. Ce qui est vrai pour ceux qui cuisinent chez eux l'est également pour ceux qui dirigent des restaurants, écrivent des livres de cuisine, passent à la télé et définissent ce qui est bon pour le monde entier. Grande vérité : « C'est en pratiquant qu'on s'améliore. »

2) Consultez les tutoriels en ligne
Vous pouvez aussi trouver des conseils de cuisine sur Internet. Si vous voulez apprendre à caraméliser des oignons, faire fondre du chocolat, monter de la crème fouettée ou écraser des fruits, des chefs professionnels vous le montrent dans de nombreuses vidéos.

3) Améliorez-vous grâce à des recettes plus compliquées
Quand vous vous sentirez plus à l'aise, vous pourrez envisager des créations plus complexes en toute confiance. Les recettes les plus compliquées de ce livre sont la Moussaka de l'Olympe (car il faut préparer les légumes de différentes manières et faire une béchamel), la Tarte serpent (où on utilise de la pâte phyllo pas simple à manier quand on débute) et le Haut-de-forme vaudou (il faut s'entraîner pour bien appliquer le fondant du décor).

4) Faites preuve de patience
Ne soyez pas déçu si vous n'obtenez pas le résultat escompté la première fois. Il faut *beaucoup* de pratique pour réussir certaines recettes.

5) Laissez libre cours à votre créativité
Suivre une recette est essentiel quand on parle de temps de cuisson et d'étapes de réalisation, mais ce qui rendra un plat unique vient de vous. Tentez des expériences. Remplacez les ingrédients qui vous déplaisent par ceux que vous appréciez au gré de votre goût et de celui de vos convives. Vous préférez le chocolat au lait au chocolat noir ? Le raisin aux fraises ? Le basilic à l'origan ? Très bien. Utilisez ces saveurs comme un guide pour obtenir une recette qui vous correspondra parfaitement.

Amuse-gueules

Dip « crabuleux »

Party mix de Flotsam & Jetsam

Chaussons « Creux de la main »

Œufs de dragon endiablés

Biscuits de Coco et leur houmous

Boule au fromage et à la bière

Dip « crabuleux »

PRÉPARATION : 5 MIN | CUISSON : 25 MIN | POUR 10 PERSONNES

Tamatoa est très fier de sa manie qui consiste à ramasser tous les petits trésors qui brillent. Il chante les louanges des trouvailles étincelantes qu'il accumule sur sa carapace, convaincu que cette collection le rend absolument « crabuleux ».

Préparé à partir de chair de crabe, ce dip à partager chaud et agrémenté de fromage est tout à fait « crabuleux », lui aussi. Servez-le accompagné de crackers ou de croûtons maison.

- 500 g de chair de crabe effilée
- 225 g de fromage à tartiner
- 125 g de crème fraîche
- 125 g de mayonnaise
- 80 g de fromage râpé + 20 g en garniture
- 2 gousses d'ail
- 1 pincée de paprika
- 1 cuil. à soupe de sauce Worcestershire
- 1 cuil. à soupe de sauce piquante
- 25 g de moutarde forte
- Le jus de ½ citron
- 1 pincée de sel
- 1 pincée de poivre

Préchauffez le four à 190 °C (th. 6).

Rincez convenablement la chair de crabe et égouttez-la. Mélangez tous les ingrédients dans un saladier.

Transférez la préparation dans un plat à four et garnissez de fromage râpé. Enfournez 20 à 25 min, jusqu'à ce que la surface soit dorée et que des petites bulles apparaissent.

Servez avec des crackers ou des croûtons maison.

ASTUCE : Servez ce méli-mélo avec un grand plat de légumes : carottes, céleri branche, brocolis ou poivrons.

Party mix de Flotsam & Jetsam

PRÉPARATION : 5 MIN | CUISSON : 45 MIN | POUR 8 À 10 PERSONNES

Flotsam et Jetsam, les « bébés d'amour » d'Ursula, sont deux murènes dévouées à sa cause. Ce sont elles qui incitent Ariel à aller parler à la sorcière des mers après que le Roi Triton a détruit sa grotte. En anglais, « flotsam » désigne les débris flottants après un naufrage et « jetsam » les objets jetés à la mer et échoués sur la côte. Le concept de ce bric-à-brac marin définit très bien ce party mix composé de savoureux amuse-gueules.

L'intérêt de préparer vous-même votre assortiment apéritif, c'est d'en faire précisément ce que vous voulez. Ajoutez du salé, un goût fromagé ou une saveur sucrée aux céréales qui servent de base ; ou lâchez-vous en utilisant des bonbons, du popcorn ou du parmesan grillé.

Ne lésinez pas sur la sauce piquante. La quantité indiquée ici donne un résultat assez léger. Pour un vrai coup de fouet, doublez cette proportion, puis ajoutez une pincée de piment de Cayenne et un soupçon de sucre dans votre préparation.

- 115 g de beurre
- 2 cuil. à soupe d'ail semoule
- 2 cuil. à soupe de paprika fumé
- 2 cuil. à soupe de sauce Worcestershire
- 7 cl de sauce piquante
- 1 ½ cuil. à soupe de sucre roux
- 50 g de céréales de maïs carrées
- 50 g de céréales de riz carrées
- 50 g de crackers au fromage
- 50 g de mini-bretzels
- 110 g de cranberries séchées
- 125 g de pépites de chocolat

Préchauffez le four à 120 °C (th. 4). Faites fondre le beurre à feu doux dans une casserole moyenne. Ajoutez les épices, la sauce Worcestershire, la sauce piquante et le sucre roux. Laissez cuire 2 min jusqu'à liaison parfaite.

Dans un grand saladier, mélangez les céréales, les crackers et les bretzels. Surtout, n'ajoutez pas tout ce qui pourrait fondre ou qui ne supporterait pas la cuisson. Versez le mélange d'épices et de sauces encore tiède, puis mélangez.

Étalez la préparation sur deux plaques à pâtisserie en une couche régulière. Faites cuire environ 45 min, jusqu'à ce que les ingrédients soient dorés et parfumés. Sortez du four et laissez refroidir.

Ajoutez les fruits secs et les pépites de chocolat. Servez.

XIX

Chaussons « Creux de la main »

PRÉPARATION : 15 MIN | CUISSON 40 MIN | POUR 16 GRANDS CHAUSSONS OU 30 PETITS

Bien décidé à faire main basse sur la ville, le Dr Facilier n'est pas à une vilénie près et n'a pas hésité à transformer le Prince Naveen en grenouille. « J'aurai La Nouvelle-Orléans au creux de ma main », déclare-t-il. Justement, ces petits *pies* salés, inspirés des chaussons aux écrevisses de La Nouvelle-Orléans, tiennent au creux de la main. Si vous n'avez pas d'écrevisse, utilisez des crevettes et coupez-les en petits morceaux avant de les cuire.

50 g de beurre doux

50 g de farine

1 petit oignon émincé

½ poivron vert émincé

1 branche moyenne de céleri émincée

½ cuil. à café de sel

½ cuil. à café de poivre

1 cuil. à café de paprika

½ cuil. à café de poivre de Cayenne

3 gousses d'ail hachées

500 g de queues d'écrevisses décortiquées, décongelées et égouttées

1 cuil. à café de sauce piquante

1 cuil. à café de sauce Worcestershire

125 g de crème entière

40 g de chapelure

4 rouleaux de pâte brisée

2 œufs légèrement battus

Dans une grande sauteuse et sur feu moyen, faites un roux en mélangeant le beurre et la farine. Remuez souvent jusqu'à ce que la préparation prenne une teinte dorée au bout d'environ 5 min.

Ajoutez l'oignon, le poivron, le céleri et l'assaisonnement, puis laissez cuire 4 min, jusqu'à ce que les légumes commencent à fondre. Ajoutez alors l'ail et la chair d'écrevisse puis laissez cuire encore 2 min avant de verser la sauce Worcestershire. Laissez cuire 2 min supplémentaires.

Ajoutez la crème, puis la chapelure, et mélangez avant de retirer la sauteuse du feu et de laisser refroidir la préparation.

Préchauffez votre four à 190 °C (th. 6). Couvrez une plaque à pâtisserie de papier cuisson.

Déroulez les pâtes brisées. Si vous confectionnez de petits chaussons, coupez-y des cercles de 8 cm. Si vous faites de grands chaussons, coupez des cercles de 13 cm. Avec un pinceau, badigeonnez un peu d'œuf battu sur le pourtour de chaque cercle. Ensuite, déposez 2 ou 4 cuil. à soupe de préparation au centre de chaque cercle (en fonction de leur taille).

Pliez les chaussons pour obtenir des demi-cercles et pincez les bords fermement pour les souder, de préférence en appuyant avec une fourchette. À l'aide du pinceau, badigeonnez un peu d'œuf battu sur chaque chausson. Enfournez 25 min, jusqu'à ce qu'ils soient dorés et servez-les tièdes.

Œufs de dragon endiablés

PRÉPARATION : 30 MIN | CUISSON : 1 H | POUR 24 PIÈCES

Maléfique n'a pas été invitée au baptême de la princesse Aurore. Donc, en tant que mauvaise fée, que décide-t-elle de faire ? D'abord de jeter un sort à l'enfant puis, sous l'apparence d'un terrible dragon cracheur de feu, de terroriser le royaume de son père, le roi Stéphane, afin de se venger. Ces œufs de « dragon » endiablés peuvent paraître aussi terrifiants que Maléfique, mais ils sont juste délicieux.

- 500 g de chou rouge émincé
- 12 gros œufs
- 2 cuil. à soupe d'huile d'olive
- 1 cuil. à soupe de mayonnaise
- 1 cuil. à café de moutarde forte
- 1 cuil. à café d'aneth + 1 pincée en garniture
- Sel et poivre selon votre goût

Mettez la moitié du chou rouge émincé dans une casserole, puis versez de l'eau jusqu'à dépasser le chou de quelques centimètres. Portez à ébullition à feu moyen, jusqu'à ce que le chou soit tendre et que l'eau soit devenue violette, soit 20 à 30 min. À l'aide d'une écumoire, sortez le chou de l'eau. Réservez-le et conservez bien l'eau de cuisson.

Pendant que le chou cuit, préparez les œufs. Mettez-les dans une autre casserole et recouvrez-les d'eau. Là aussi, le niveau doit dépasser les œufs. Portez l'eau à ébullition à feu moyen. Dès qu'elle bout, sortez la casserole du feu, couvrez-la, laissez les œufs baigner dans l'eau chaude pendant 15 min, puis transférez-les dans un bain d'eau très froide (mettez des glaçons si nécessaire) durant 1 min.

Fendez très légèrement la coquille des œufs en les faisant rouler sur votre plan de travail. Il faut que la coquille soit fendue, mais qu'elle reste en place. Plus les craquelures seront fines, plus le résultat sera joli. Donc, soyez délicat.

Placez les œufs dans un récipient à fermeture hermétique. Versez l'eau de cuisson du chou. Elle doit recouvrir les œufs. Laissez reposer 12 h.

Sortez les œufs de l'eau et écalez-les. Ils doivent être recouverts de magnifiques marbrures violettes. Coupez chaque œuf en deux dans la longueur. Sortez les jaunes, versez-les dans un saladier et placez les blancs sur un plat.

Ajoutez l'huile d'olive, la mayonnaise, la moutarde, l'aneth, du sel et poivre dans le saladier. Mélangez pour bien lier l'ensemble, puis distribuez cette préparation équitablement dans les blancs.

Saupoudrez 1 pincée d'aneth sur les œufs et servez-les sur de petits nids constitués du chou rouge cru. Conservez au frais en attendant de servir.

Biscuits de Coco et leur houmous

PRÉPARATION : 20 MIN | CUISSON : 45 MIN | POUR 6 PERSONNES

« Alors Coco, tu veux un gâteau ? », s'exclame le sympathique Sultan en enfournant un biscuit sec dans le bec de Iago. Mais le volatile n'apprécie guère ces friandises. « Je commence à en avoir ras le bol ! », déclare le sbire ailé de Jafar alors qu'ils regagnent l'antre du vizir. « La prochaine fois qu'il m'étouffe en m'obligeant à avaler un de ces biscuits moisis et dégoûtants… BAM ! PAF ! »

POUR LE HOUMOUS

- 400 g de pois chiches en boîte, égouttés
- 75 g de pâte de sésame
- 1 gousse d'ail
- Le jus de 1 citron
- 1 gros poivron rouge rôti, épépiné et émincé
- ½ cuil. à café de sel
- 3 cuil. à soupe d'huile d'olive

POUR LES BISCUITS

- 1 chou-fleur
- 2 cuil. à soupe de graines de lin hachées
- 260 g de farine de riz
- ½ cuil. à café de sel
- 1 cuil. à café d'ail semoule
- Graines de sésame en option

Préparez le houmous : versez les pois chiches, la pâte de sésame, l'ail, le jus de citron, le poivron et le sel dans le bol d'un mixeur. (Pour obtenir un houmous plus lié, enlevez d'abord la petite peau des pois chiches.) Mixez pendant 2 min, avant d'incorporer lentement l'huile d'olive et de mixer encore 2 min. Pour obtenir une préparation plus crémeuse, versez 2 cuil. à soupe d'eau froide et mixez encore 1 min. Débarrassez dans un bol, couvrez et réservez au réfrigérateur au moins 1 h.

Préparez les biscuits. Préchauffez le four à 200 °C (th. 6-7). Détachez les fleurettes du chou-fleur et faites-les cuire à la vapeur 10 min. Quand elles sont cuites, laissez-les refroidir quelques instants. Réservez ¼ de l'eau de cuisson du cuiseur-vapeur.

Pendant que le chou-fleur refroidit, versez les graines de lin, la farine de riz, le sel et l'ail dans le bol d'un mixeur. Ajoutez le chou-fleur et mixez à grande vitesse en ajoutant lentement l'eau de cuisson pour obtenir une pâte liée. Laissez reposer 10 min pour que les graines de lin apportent de la consistance à la préparation.

Couvrez deux plaques à pâtisserie de papier cuisson. Divisez la pâte entre les deux plaques et étalez-la avec une spatule jusqu'au bord du papier pour assurer une cuisson régulière. Dans la pâte, coupez des carrés de 5 cm de côté. Saupoudrez de graines de sésame à votre goût. Enfournez environ 15 min, puis mettez chaque plaque à la place de l'autre dans le four et laissez cuire encore 15 à 20 min jusqu'à ce que les biscuits soient dorés et craquants. Servez-les avec le houmous.

ASTUCE : Ces biscuits n'ont rien de « moisi et dégoûtant ». Ils sont savoureux et sains, car ils contiennent surtout du chou-fleur, de la farine de riz et des graines de lin. Comme le houmous au poivron rouge, ils sont vegan, sans gluten, mais aussi pleins de protéines végétales et de légumes.

Boule au fromage et à la bière

PRÉPARATION : 5 MIN | CUISSON 10 MIN | POUR 6 PERSONNES

Gaston n'aime que trois choses : lui-même, chasser (qu'il s'agisse de gibier ou de jeunes femmes…) et vider des chopes de bière à l'auberge avec LeFou. Ce dip au fromage est idéal pour l'apéritif. Vous pouvez le servir dans un bol, avec du pain et des légumes crus.

75 g de beurre

30 g de farine

¼ l de lait

¼ l de bière blonde

1 cuil. à café de poudre de moutarde

½ cuil. à café de sel

½ cuil. à café de poivre de Cayenne

240 g de fromage râpé

1 belle miche de pain

Bâtonnets de carottes, de céleri et autres légumes

Mettez le beurre à fondre dans une casserole à feu moyen, puis ajoutez la farine pour obtenir la base d'un roux. Laissez cuire 3 min en tournant sans arrêt. Versez lentement le lait en fouettant pour éviter les grumeaux et continuez de cuire pendant 5 min en tournant souvent. Ajoutez la bière et les épices et laissez cuire encore 3 min. En fouettant, incorporez le fromage râpé et laissez cuire 5 min avant de retirer du feu dès que le fromage a fondu.

Videz le centre de la miche de pain à l'aide d'un couteau à dents en veillant à ne pas percer le fond. Faites un « bol » assez grand pour accueillir toute votre préparation précédente. Si la miche est trop petite, faites en sorte de pouvoir y verser la moitié. Vous passerez le reste lors d'un second service. Coupez la mie du pain en morceaux que vous pourrez tremper dans la préparation.

Posez la boule de pain au centre du plat, puis disposez les morceaux de mie et les légumes tout autour. Versez la préparation au fromage encore chaude dans la miche de pain et servez.

Petit déjeuner

Toasts de Madame de Trémaine

Brioché au caramel du bouffon du roi

Pancakes dalmatiens et compotée de fraises

Rolls des pauvres âmes

Smoothie des Enfers

Petit déjeuner aux douze œufs

Toasts de Madame de Trémaine

PRÉPARATION : 20 MIN | CUISSON : 1 H | POUR 4 PERSONNES

La redoutable belle-mère de Cendrillon, Madame de Trémaine, aime s'offrir un petit déjeuner royal pendant que sa belle-fille s'échine à finir ses corvées. Cette délicieuse recette qui mêle la saveur du lemon curd à celle d'un quatre-quarts citron-lavande s'inspire de la campagne française. L'équilibre entre la saveur sucrée et acide du lemon curd peut être facilement ajusté à votre goût.

POUR LE QUATRE-QUARTS CITRON-LAVANDE

- 225 g de sucre en poudre
- 2 cuil. à café de lavande alimentaire
- 2 citrons bio
- 115 g de beurre doux et ramolli + pour le moule
- 2 gros œufs
- 180 g de farine + pour le moule
- ¾ cuil. à café de sel
- ¾ cuil. à café de levure chimique
- ¾ cuil. à café de bicarbonate de soude
- 15 cl de lait
- 1 cuil. à café d'extrait de vanille

POUR LE LEMON CURD

- 4 citrons
- 110 g de sucre
- 1 cuil. à soupe de Maïzena
- 3 œufs
- 85 g de beurre en morceaux

Préparez le quatre-quarts. Préchauffez le four à 180 °C (th. 6). Hachez le sucre, la lavande et le zeste des citrons au hachoir électrique. Versez dans le bol d'un batteur électrique et ajoutez le beurre. Battez pendant environ 5 min, jusqu'à ce que l'ensemble soit aéré et gonflé. Ajoutez les œufs et battez encore 3 min.

Tamisez la farine, le sel, la levure et le bicarbonate de soude dans un saladier moyen et, dans un autre, assemblez le lait, le jus des citrons et l'extrait de vanille.

Ajoutez la moitié du mélange sec dans le batteur pendant qu'il tourne et laissez tourner 1 min. Ajoutez le mélange liquide et battez encore 1 min. Ajoutez le reste du mélange sec et battez encore 1 min.

Chemisez un moule à cake de beurre et de farine. Versez la pâte dans le moule. Enfournez jusqu'à ce que la lame d'un couteau plongée dans le gâteau en ressorte sèche, soit environ 50 min. Ne cuisez pas trop longtemps, votre gâteau serait trop sec. Démoulez sur une grille pour laisser refroidir.

Pendant la cuisson, préparez le lemon curd. Mettez quelques centimètres d'eau dans une grande casserole et installez-y une autre casserole plus petite. Il faut qu'elle prenne appui sur les bords du grand récipient et ne touche pas l'eau.

Sur un feu moyen, versez le jus des 4 citrons, le zeste de 1 citron, le sucre, la Maïzena et les œufs dans le petit récipient. Fouettez constamment 10 min, jusqu'à ce que la préparation prenne une consistance crémeuse et une belle couleur jaune vif. Sortez le récipient du feu et ajoutez le beurre en fouettant jusqu'à ce qu'il soit fondu. Mettez au frais jusqu'au moment de servir.

Une fois le quatre-quarts bien froid, coupez-le en tranches et servez chacune d'entre elles avec une généreuse cuillerée de lemon curd.

Brioché au caramel du bouffon du roi

PRÉPARATION : 2 H 30 | CUISSON : 40 MIN | POUR 6 PERSONNES

Scar est pour le moins irrité par la perspective que son neveu devienne un jour le roi du Rocher des Lions. Quand le lionceau demande à son oncle ce qu'il deviendra une fois que lui sera roi, Scar répond : « Le bouffon du roi. » Ivre de jalousie, le lion rancunier échafaude alors un plan pour se débarrasser de son frère et régner sur la Terre des Lions.

POUR LA PÂTE

- 38 cl de lait
- 1 sachet de levure chimique
- 55 g de sucre semoule
- 3 gros œufs
- 1 cuil. à café d'extrait de vanille
- 1 ½ cuil. à café de sel
- 575 g de farine + pour le moule

POUR LE BRIOCHÉ AU CARAMEL

- 225 g de sucre semoule
- 2 cuil. à soupe de cannelle en poudre
- 2 bananes coupées en rondelles
- 225 g de beurre fondu

Préparez la pâte. Faites frémir – mais pas bouillir – le lait dans une petite casserole à feu moyen. Sortez du feu et incorporez la levure et le sucre. Couvrez la casserole et laissez reposer 10 min pour activer la levure.

Versez cette préparation dans le bol d'un robot équipé d'un crochet à pâte. Ajoutez les œufs, l'extrait de vanille et le sel. Mettez le robot en route doucement et ajoutez petit à petit la farine, puis battez jusqu'à ce que tous les ingrédients soient liés. Augmentez la vitesse et laissez tourner jusqu'à ce que la pâte se décolle des parois du bol. Battez 2 min de plus pour pétrir la pâte.

Mettez la pâte dans un moule beurré et fariné, couvrez et laissez pousser pendant 2 h. Le volume de la pâte doit doubler. Dégazez la pâte avec votre poing, puis versez-la sur le plan de travail. Coupez des morceaux de 3 cm de côté.

Confectionnez le brioché. Préchauffez le four à 180 °C (th. 6). Versez le sucre et la cannelle dans un saladier moyen. Beurrez et farinez un moule à kouglof. Roulez chaque morceau de pâte dans le mélange sucre-cannelle, puis placez-le dans le moule en alternant avec des couches de banane et en finissant par une couche de pâte.

Saupoudrez le brioché dans son moule du reste du mélange sucre-cannelle, puis versez le beurre fondu uniformément. Enfournez 40 min, puis sortez du four. Démoulez sur une assiette. Laissez le moule en place 3 min, puis enlevez-le. Laissez reposer environ 10 min avant de servir.

À SAVOIR : Cette version plus saine du brioché caramel contient de la banane et utilise une pâte maison. Si vous préférez utiliser une préparation du commerce, veillez à obtenir le bon volume. Dégustez avec vos petits bouf... Euh, votre famille.

Pancakes dalmatiens et compotée de fraises

PRÉPARATION : 20 MIN | CUISSON : 25 MIN | POUR 8 À 10 PANCAKES

Cruella d'Enfer n'imagine pas pouvoir vivre sans fourrures. Du moins, c'est ce qu'elle dit. Lancée aux trousses des chiots, cette victime de la mode traverse la campagne tel un éclair fait de rouge, de blanc et de noir. Ces délicieux pancakes sont inspirés par le pelage des dalmatiens. La compotée de fraise ajoute le rouge vif à leur blanc et leur noir pour obtenir les couleurs que porte Cruella, mais sans sa méchanceté.

POUR LA COMPOTÉE DE FRAISES

- 500 g de fraises
- 110 g de sucre
- Le jus de ½ citron
- ½ cuil. à café de graines de vanille

POUR LES PANCAKES

- 115 g de farine
- 2 cuil. à café de levure chimique
- 1 demi-cuil. à café de sel
- 2 cuil. à soupe de sucre
- 25 cl de lait
- 1 œuf battu
- 2 cuil. à soupe de beurre fondu
- 1 cuil. à café d'extrait de vanille
- 50 g de pépites de chocolat blanc
- 50 g de pépites de chocolat au lait
- Huile végétale

Préparez la compotée de fraises. Lavez les fraises, puis enlevez leurs tiges et coupez-les. Placez-les avec tous les autres ingrédients dans une casserole. Portez à ébullition sur feu moyen, puis laissez mijoter environ 15 min, jusqu'à ce que les fruits aient ramolli et que le liquide ait épaissi. Sortez du feu et laissez refroidir.

Préparez les pancakes. Versez les éléments secs dans le récipient d'un robot. Ajoutez les éléments liquides, puis battez pour bien les lier. Laissez reposer 10 min.

Faites chauffer une grande poêle à feu moyen. Hors du feu, badigeonnez-la d'huile à l'aide d'un papier absorbant. Versez environ 60 g de pâte à plusieurs endroits. Faites attention à ce que les pancakes ne se touchent pas.

Faites cuire environ 3 min, jusqu'à ce que des bulles se forment à la surface, retournez les pancakes et cuisez-les encore 2 à 3 min, jusqu'à ce qu'ils soient dorés. Sortez-les du feu et déposez-les sur une assiette avant de les recouvrir de papier d'aluminium pour les garder au chaud. Renouvelez l'opération jusqu'à ce qu'il n'y ait plus de pâte. Au moment de servir, versez un peu de compotée de fraises et ajoutez quelques pépites de chocolat blanc et de chocolat au lait.

Rolls des pauvres âmes

PRÉPARATION : 15 MIN | CUISSON : 30 MIN | POUR 12 ROLLS

Ursula se vante d'aider « les pauvres âmes en perdition », mais sa façon d'assister les autres n'a rien de recommandable. Une fois piégées par la sorcière des mers, ses victimes n'ont que peu d'espoir de lui échapper. Comme les prédictions de beauté, de bonheur et d'amour d'Ursula, ces rolls sont d'irrésistibles tentations. Si vous ne trouvez pas de colorant alimentaire violet, mélangez du rouge et du bleu pour obtenir la teinte désirée.

POUR LES ROLLS
À LA CANNELLE

400 g de farine
+ un peu pour le plan de travail

110 g de sucre en poudre

1 cuil. à café de sel

1 sachet de levure chimique

110 g de beurre en morceaux, à température ambiante

18 cl de lait entier

6 cl d'eau

1 gros œuf

1 cuil. à café de cannelle en poudre

1 demi-cuil. à café de noix muscade

110 g de sucre roux

POUR LE GLAÇAGE

140 g de sucre glace

1 cuil. à café d'extrait de vanille

2 cuil. à soupe de lait

Colorant alimentaire violet

Préparez la pâte. Mélangez la farine, le sucre en poudre, le sel et la levure dans un grand saladier, puis réservez.

Versez la moitié du beurre, le lait et l'eau dans une petite casserole sur feu moyen. Faites chauffer jusqu'à ce que le beurre ait fondu. Versez ce liquide dans les ingrédients secs et ajoutez l'œuf. Mélangez jusqu'à ce que la pâte soit lisse. Travaillez la pâte pendant 5 min sur le plan de travail fariné, puis couvrez-la et laissez reposer 10 min.

Préparez la garniture. Faites fondre le reste du beurre au micro-ondes dans un récipient adéquat. Ajoutez la cannelle, la noix muscade et le sucre roux, puis remuez pour lier l'ensemble.

Avec un rouleau à pâtisserie, abaissez la pâte pour obtenir un rectangle d'environ 45x25 cm. Étalez la garniture sur la pâte puis, à partir d'une longueur du rectangle, roulez le pâton jusqu'à l'autre bord en veillant à bien enfermer la garniture en pinçant la pâte à la fin.

Coupez le pâton en 12 parts égales. Recouvrez une plaque à pâtisserie de papier sulfurisé et déposez-y les parts. Recouvrez la plaque à pâtisserie de film alimentaire et laissez la pâte pousser 60 à 90 min afin qu'elle double de volume.

Préchauffez le four à 190 °C (th. 6) et mettez les rolls à cuire 30 min, jusqu'à ce qu'ils soient légèrement brunis. Sortez-les du four.

Préparez le glaçage. Fouettez ensemble le sucre glace, la vanille et le lait. Ajoutez assez de colorant alimentaire violet pour obtenir la teinte voulue et étalez la préparation sur les rolls encore tièdes.

Smoothie des Enfers

PRÉPARATION : 10 MIN | POUR 2 VERRES

D'après les Muses : « S'il y a un dieu qu'il ne faut pas faire fumer de colère, c'est bien Hadès, car il a un dessein démoniaque. Lui, le dieu des Enfers, avec les morts est dur et pervers. Il n'est qu'injures, blessures et brûlures. Ça, c'est du gospel pur ! » Mais Hadès ne peut que fulminer quand ses plans pour vaincre Hercule sont déjoués.

Ce smoothie sain destiné au petit déjeuner s'inspire des deux humeurs d'Hadès. Quand il est calme, sa chevelure de flammes est bleue. Quand il s'énerve, elle devient rouge. Mélangez chaque recette séparément, puis versez-les dans le même verre pour obtenir une représentation fidèle du caractère d'Hadès.

POUR LE CALME
SMOOTHIE BLEU

110 g de myrtilles surgelées

60 g de mûres surgelées

60 g de yaourt grec nature

6 cl de jus de raisin, de myrtilles ou de mûres

130 g de glaçons

POUR LE COLÉRIQUE
SMOOTHIE ROUGE

110 g de fraises surgelées

60 g de framboises surgelées

60 g de yaourt grec nature

6 cl de jus de fraise, de canneberge ou de betterave

130 g de glaçons

Mettez tous les ingrédients du smoothie bleu dans un blender et mixez-les jusqu'à ce qu'ils soient liés. Passez la préparation dans un verre doseur à l'aide d'une passoire à cocktail et réservez.

Mettez tous les ingrédients du smoothie rouge dans un blender et mixez-les jusqu'à ce qu'ils soient liés. Passez la préparation dans un autre verre doseur à l'aide d'une passoire à cocktail et réservez.

Prenez un verre doseur dans chaque main et versez en même temps les deux smoothies dans un troisième verre, puis répétez l'opération pour servir un autre verre. Dégustez bien frappé.

À SAVOIR : Les fruits comme les myrtilles contiennent beaucoup d'antioxydants. Ils aident à protéger l'organisme contre les radicaux libres qui sont mauvais pour la santé.

Petit déjeuner aux douze œufs

PRÉPARATION : 10 MIN | CUISSON : 20 MIN | POUR 12 PIÈCES

Gaston prétend engloutir quarante-neuf œufs chaque jour, mais c'est sans doute un peu trop pour tous ceux qu'il appelle « des femmelettes ». Cette recette nécessite douze œufs, ce qui suffira pour plusieurs petits déjeuners de suite. Pour les conserver plus d'un jour ou deux, congelez-les séparément, puis décongelez-les au micro-ondes en les enveloppant dans du papier absorbant humide. Ils vous permettront de bien débuter la journée.

½ petit oignon ciselé

50 g de brocolis hachés

12 gros œufs

½ cuil. à café de sel

½ cuil. à café de poivre noir

½ cuil. à café d'ail en poudre

4 tranches de bacon cuit et émincé

40 g de fromage râpé

Huile végétale

Préchauffez le four à 180 °C (th. 6). Badigeonnez d'huile une douzaine de moules à muffins à l'aide d'un pinceau alimentaire.

Huilez légèrement une poêle moyenne. Faites sauter l'oignon ciselé à feu moyen durant 3 min, jusqu'à ce qu'il ramollisse, puis ajoutez le brocoli et laissez cuire encore 2 min jusqu'à ce qu'il soit tendre et d'un vert vif. Sortez du feu et réservez.

Battez les œufs dans un grand récipient jusqu'à ce qu'ils soient bien mélangés. Ajoutez les épices, le bacon, le fromage et les légumes, puis mélangez à nouveau.

Versez cette préparation de façon équitable dans les douze moules à muffins. Enfournez 20 min, jusqu'à ce qu'ils soient légèrement brunis. Servez ou congelez comme indiqué plus haut pour des petits déjeuners sur le pouce.

Salades & Accompagnements

Croquettes pour le croquet

Boucles blondes de courge spaghetti

Salade de pâtes de la règle d'or

Salade du soleil horrible et salutaire

Salade de farro de la part du lion

Brochettes de crevettes de la sorcière des mers

Quenouilles de pommes de terre

Salade à la fleur magique

Croquettes pour le croquet

PRÉPARATION : 30 MIN | CUISSON : 20 MIN | POUR 4 PERSONNES

« Jouez-vous au croquet ? demanda la Reine de Cœur à Alice.
– Tout à fait, votre Majesté.
– Alors que la partie commence ! »

Ces croquettes constituent un succulent accompagnement ou en-cas. Que ce soit avant ou après le croquet, elles vous feront perdre la tête sans qu'on vous la tranche. Pour varier un peu, ajoutez des brocolis et/ou du jambon.

5 pommes de terre à purée épluchées et en morceaux

60 g de beurre

80 g de fromage râpé

2 œufs + 2 jaunes

1 ½ cuil. à soupe de persil haché

½ cuil. à café de sel

½ cuil. à café de thé

115 g de farine

2 œufs

90 g de chapelure salée et poivrée

25 à 50 cl d'huile à friture

Faites cuire les pommes de terre à l'eau bouillante et à feu vif. Égouttez-les soigneusement, puis transférez dans un saladier. Ajoutez le beurre et écrasez l'ensemble au presse-purée. Ajoutez le fromage et mélangez pour bien l'incorporer. Laissez refroidir 5 min. Ajoutez les 2 jaunes d'œufs, le persil, le sel et le poivre, puis mélangez à nouveau. Confectionnez environ 46 boules (d'à peu près 5 cm de diamètre).

Préparez trois récipients : l'un contenant la farine ; le suivant, 2 œufs battus et le dernier, la chapelure. Roulez chaque croquette dans la farine, les œufs, puis la chapelure et réservez.

Mettez l'huile à chauffer à feu moyen dans une sauteuse ou une friteuse. Mettez les croquettes à frire en plusieurs fois, entre 2 et 3 min par côté. Déposez-les sur du papier absorbant et servez chaud.

ASTUCE : Pour éviter la friture, et donc un plat trop gras, vous pouvez cuire les croquettes au four à 190 °C pendant 20 min. Dans ce cas, huilez-les à l'aide d'un pinceau alimentaire avant de les enfourner.

Boucles blondes de courge spaghetti

PRÉPARATION : 5 MIN | CUISSON : 1 H | POUR 4 PERSONNES

Envieuse jusqu'à la folie, Mère Gothel veut s'approprier la magie qui naît de l'extraordinaire chevelure de Raiponce. Dans ce but, elle a enlevé celle-ci au berceau et, depuis, la séquestre au sommet d'une tour afin que personne d'autre ne puisse profiter du pouvoir des mèches blondes de la jeune fille. La courge spaghetti est à la fois simple à préparer et polyvalente. Et, une fois cuit, son contenu ressemble à de belles boucles.

1 courge spaghetti (1 kg-1,5 kg)

60 g de beurre

3 cuil. à soupe de thym frais

Sel et poivre selon votre goût

Préchauffez le four à 200 °C (th. 6-7). À l'aide d'une fourchette, percez la peau de la courge sur toute sa surface. Mettez-la à cuire telle quelle sur la grille du four 45 min à 1 h selon sa taille. Testez la cuisson à la fourchette. Quand elle s'enfonce sans effort, c'est cuit.

Sortez la courge du four et laissez-la refroidir. Quand vous pouvez la manipuler, coupez-la en deux dans la longueur, puis épépinez-la délicatement à l'aide d'une cuillère.

Ensuite, avec une fourchette, grattez la chair qui va se séparer en filaments. Évitez autant que possible d'obtenir de gros morceaux et réservez dans un saladier.

Si la courge est encore tiède, ajoutez le beurre, le thym, le sel et le poivre et attendez que le beurre ait fondu. Si elle est froide, réchauffez-la à la poêle, à feu doux, en ajoutant les ingrédients, avant de servir.

À SAVOIR : Cette préparation simple utilise des herbes fraîches et un peu de beurre. Vous pouvez remplacer le thym par une herbe que vous préférez ou ajouter un peu de parmesan ou de fromage de chèvre pour un apport de protéines.

Salade de pâtes de la règle d'or

PRÉPARATION : 5 MIN | CUISSON : 10 MIN | POUR 6 PERSONNES

« Connais-tu la règle d'or ? », demande Jafar déguisé en vieux prisonnier à Aladdin, dans les cachots du sultan. « Celui qui a l'or est toujours en règle », poursuit-il. Ils s'échappent et le sorcier machiavélique envoie Aladdin à la Caverne aux Merveilles, pleine de trésor dépassant l'imagination, pour qu'il y trouve l'objet le plus précieux d'entre tous : la lampe abritant le Génie.

Le « trésor » de cette recette, ce sont les pâtes perles, et son « or » vient des tomates jaunes. À la place de l'un ou de l'autre, n'importe quelles petites pâtes et n'importe quelles petites tomates feront l'affaire. Cette salade peut être préparée bien avant d'être servie, mais il faut ajouter les herbes au dernier moment.

- 400 g de pâtes perles
- Le jus de 1 citron
- 5 cl d'huile d'olive
- 2 cuil. à soupe de vinaigre de vin
- ½ cuil. à café de sel
- ½ cuil. à café de poivre noir
- 100 g de tomates jaunes
- 150 g de feta émiettée
- 20 feuilles de menthe ciselées
- 2 cuil. à soupe de persil frais haché

Faites cuire les pâtes selon les instructions du paquet. Égouttez-les si nécessaire et réservez dans un saladier moyen.

Dans un bol, fouettez le jus de citron, l'huile d'olive, le vinaigre, le sel et le poivre jusqu'à lier l'ensemble. Versez cette vinaigrette sur les pâtes et mélangez.

Incorporez les tomates coupées, la feta et les herbes si vous servez immédiatement. Si vous préparez à l'avance, ne mettez que les tomates et le fromage puis couvrez et n'ajoutez les herbes qu'au moment de servir.

Salade du soleil horrible et salutaire

PRÉPARATION : 10 MIN | POUR 4 PERSONNES

« On dirait qu'il y a un malade, ici ! s'exclame Madame Mim en entendant Moustique tousser dans la suie de sa cheminée. C'est parfait. » Mais elle est moins enjouée quand elle perd le duel de magie qui l'oppose à Merlin et qu'elle finit alitée. « Ce n'est pas trop grave, Madame. D'ici à peine un mois, vous serez à nouveau dans d'aussi bonnes... Je veux dire, d'aussi mauvaises dispositions qu'avant, se moque Merlin. Je vous conseille du repos et beaucoup, beaucoup de soleil. »

« Je hais le soleil, réplique la sorcière. Je hais le soleil horrible et salutaire ! Je le hais ! »

Cette salade n'est pas faite de rayons de soleil, mais d'agrumes aux couleurs chaudes. Pour cette recette, choisissez vos préférés : oranges Navel, sanguines, pamplemousses Ruby Red et pomelos s'accordent bien entre eux et vous pouvez ajuster le mélange à votre goût. Un soupçon de citron de Meyer apportera une touche d'acidité, selon l'amour que vous portez à ce soleil horrible et salutaire...

- 8 oranges Navel, sanguines et/ou pamplemousses
- 2 cuil. à soupe de miel
- 2 cuil. à soupe de vinaigre de cidre
- 6 cl d'huile d'olive
- Sel et poivre selon votre goût
- 2 cuil. à soupe de menthe fraîche ciselée
- 1 cuil. à soupe de basilic frais ciselé
- 3 cuil. à soupe de feta ou de fromage de chèvre

Préparez les agrumes. Pelez chaque fruit à vif à l'aide d'un couteau en veillant à bien enlever toute la peau blanche. Coupez les fruits en tranches de 5 à 6 mm d'épaisseur. Disposez-les dans un plat ou une grande assiette.

Dans un petit bol, mélangez le miel, le vinaigre, l'huile d'olive, le sel et le poivre et fouettez jusqu'à liaison complète.

Versez équitablement la sauce sur les fruits avant d'y parsemer les herbes et le fromage. Servez immédiatement.

Salade de farro de la part du lion

PRÉPARATION : 15 MIN | CUISSON 30 MIN | POUR 4 PERSONNES

Au lieu d'assister à la présentation de son neveu Simba au Rocher des Lions, le jaloux Scar reste terré dans sa grotte. Mufasa vient affronter son frère rebelle et les deux lions en manquent de se battre. « Calme-toi, calme-toi, feule Scar. Si ma subtile intelligence se taille la part du lion, j'ai bien peur qu'en ce qui concerne la force physique la génétique n'ait pas joué en ma faveur. »

1,5 kg de légumes racines (patates douces, panais, petits oignons, betteraves, carottes)

12 cl d'huile d'olive

1 cuil. à café de sel

½ cuil. à café de poivre

250 g de farro cuit selon les instructions du paquet

6 cuil. à soupe de vinaigre de vin rouge

2 poignées de mini-roquette

Préchauffez le four à 220 °C (th. 7).

Lavez et, si nécessaire, épluchez les légumes. Coupez-les en dés en veillant à ce qu'ils fassent tous la même taille pour une cuisson parfaite. Versez dessus la moitié de l'huile d'olive, le sel et le poivre et mélangez. Étalez les légumes sur une plaque de four sans qu'ils se chevauchent et mettez-les à rôtir environ 30 min, jusqu'à ce qu'ils soient tendres, en les retournant à mi-cuisson. Sortez du four et laissez refroidir.

Versez le farro cuit, le reste de l'huile d'olive et le vinaigre dans un saladier. Mélangez et assaisonnez de sel et de poivre selon votre goût. Au moment de servir, ajoutez la mini-roquette et les dés de légume rôtis. Servez tiède ou froid.

À SAVOIR : Cette salade est un choix judicieux, car elle est facile à réaliser, riche en saveurs et elle constitue un accompagnement riche en protéines, idéal pour un plat de résistance sans viande. N'hésitez pas à varier les légumes racines et, quand la peau est comestible, ne les épluchez pas. Essayez aussi d'inclure des légumes dont vous n'êtes pas normalement friand. Vous pourriez être agréablement surpris par la façon dont ils s'agencent dans ce plat.

Brochettes de crevettes de la sorcière des mers

PRÉPARATION : 15 MIN | MARINADE : 1 H | CUISSON : 5 MIN | POUR 6 PERSONNES

« De mon temps, c'est vrai qu'on savait s'amuser. À l'époque, moi, je vivais au palais, se souvient Ursula en engloutissant une crevette. Et aujourd'hui, regardez-moi. Répudiée comme une vulgaire courtisane, bannie de tous, exilée, au bord de la famine. »

Ursula adorerait ces brochettes de crevettes épicées. Délicieuses avec une salade verte ou un plat de pâtes ou de riz, elles sont si simples à réaliser que vous n'aurez pas à attendre une occasion spéciale pour les préparer.

- 1 kg de grosses crevettes décortiquées et déveinées
- 3 grosses gousses d'ail hachées
- 1 ½ cuil. à café de gros sel
- ½ cuil. à café de poivre de Cayenne
- 1 pincée de piment rouge en poudre
- 1 cuil. à café de paprika
- 3 cuil. à soupe d'huile d'olive
- Le jus de ½ citron

Plongez six longs piques en bambou dans de l'eau pendant 30 min afin qu'ils ne brûlent pas pendant la cuisson.

Mélangez tous les ingrédients dans un grand saladier. Couvrez et laissez mariner au frais pendant au moins 1 h.

Couvrez la surface de votre gril d'une feuille d'aluminium, puis faites-le chauffer à feu moyen. Confectionnez les brochettes de crevettes et faites-les griller environ 2 min par face. Si vous utilisez un four, mettez-le sur position gril et cuisez les brochettes environ 2 min par face. Servez en accompagnement d'une salade, de légumes ou en tant qu'amuse-gueules.

Quenouilles de pommes de terre

PRÉPARATION : 10 MIN | CUISSON : 1 H | POUR 4 PERSONNES

« Mais ma volonté est telle qu'avant l'aube de ses seize ans, elle se piquera à la pointe d'une quenouille et en mourra ! » La malédiction que Maléfique jette sur la princesse Aurore encore bébé définira son destin et, malgré les efforts de ses parents pour la protéger, le piège se refermera sur elle.

Ici, l'enjeu est nettement moins grave, mais soyez quand même prudent en confectionnant ces quenouilles de pommes de terre. N'allez pas vous piquer le doigt, car des brochettes en métal qui traverseront plus facilement les pommes de terre peuvent être dangereuses si vous souhaitez en utiliser. Il y a aussi la phase qui consiste à tailler une spirale dans la pomme de terre avec un épluche-légumes, si vous ne disposez pas du découpeur adéquat... Cela devient plus simple en pratiquant, mais, au début, protégez la main qui tient la pomme de terre d'un torchon ou d'un gant. Le résultat, version saine de la « Patate Tornado », vous récompensera de vos efforts.

4 pommes de terre moyennes (environ 140 g chacune)

6 cl d'huile d'olive

1 cuil. à café d'ail semoule

½ cuil. à café d'oignon en poudre

½ cuil. à café de paprika fumé

1 cuil. à café de sel

½ cuil. à café de poivre de Cayenne

½ cuil. à café de poivre noir

Crème fraîche pour accompagner

Ciboulette pour accompagner

Préchauffez le four à 220 °C (th. 6-7).

Plongez quatre longs piques en bambou dans de l'eau pendant 30 min afin qu'ils ne brûlent pas pendant la cuisson.

Utilisez un couteau bien aiguisé pour couper chaque pomme de terre en un fin accordéon, en les faisant tourner sur elles-mêmes. Reformez-les entre vos mains et, avec précaution, percez-les avec un pique de bout en bout (vous pouvez percer le trou avec un pique en métal avant de la remplacer par un pique en bambou).

Espacez délicatement chaque tour de spirale afin d'occuper toute la longueur des piques pour obtenir une cuisson parfaite. Trempez les brochettes dans l'huile d'olive en les tournant.

Dans un bol, mélangez les épices et saupoudrez-en les brochettes. Habillez un plat à four d'une feuille d'aluminium. Placez les brochettes de manière à ce que les pointes soient en appui sur les bords et que les pommes de terre ne touchent pas le fond.

Enfournez jusqu'à ce que les pommes de terre soient croustillantes, environ 1 h. Saupoudrez de ciboulette et servez avec la crème fraîche.

Salade à la fleur magique

PRÉPARATION : 15 MIN | CUISSON : 4 MIN | POUR 4 PERSONNES

L'histoire de Raiponce commence ainsi : « Il était une fois une larme de soleil tombée des cieux. De cette petite goutte naquit une fleur magique aux pétales d'or. » Cette fleur, véritable fontaine de Jouvence, fut cachée durant des siècles par Mère Gothel. Pour que la fleur lui accorde sa magie, cette femme fredonnait une chanson spéciale : « Fleur aux pétales d'or, répands ta magie. Inverse le temps, rends-moi ce qu'il m'a pris. »

Dans cette salade, les fleurs ne sont pas magiques, mais *uniques*. La fleur de courgette, comestible, ne fleurit sur les plants de courges et de courgettes que durant l'été. C'est ce délai assez court qui les rend spéciales et on peut s'en procurer sur des marchés bio. Si vous n'en trouvez pas, d'autres fleurs comestibles comme les capucines peuvent être commandées en ligne.

- 1 petite courgette
- 6 cl d'huile d'olive
- 6 cl de vinaigre de vin blanc
- Le jus de 1 citron
- 1 cuil. à café de sel
- ½ cuil. à café de poivre
- 1 épi de maïs décortiqué
- 450 g de mini-roquette ou de laitue beurre
- 15 petites boules de mozzarella ou 1 grosse boule tranchée
- 4 fleurs de courgettes dont on a enlevé les tiges et les pistils

À l'aide d'une mandoline, coupez la courgette en rondelles fines. Si vous utilisez un couteau, prenez votre temps pour obtenir des rondelles fines et régulières.

Versez l'huile d'olive, le vinaigre, le jus de citron, le sel et le poivre dans un saladier. Ajoutez les rondelles de courgette et laissez mariner le temps de préparer le reste de la salade.

Faites cuire le maïs à l'eau bouillante dans une casserole, à feu vif, pendant environ 4 min. Sortez-le et laissez-le refroidir un peu avant de l'égrainer. Ajoutez le maïs dans le saladier.

Répartissez la salade verte dans quatre bols et posez dessus le mélange de légumes. Ajoutez la mozzarella et finissez par 1 fleur de courgette. Ce sera plus joli avec 1 fleur entière, mais plus facile à manger si vous la coupez en lanières.

Plats principaux

Poitrine à la mode du *Jolly Roger*

Tourte du chasseur

Ragoût de bœuf du caïd

Gumbo des amis de l'au-delà

Succulent de poisson

Soupe de noisettes

Moussaka de l'Olympe

Bouillon pour dragons malades

Codfish and chips

Poitrine à la mode du Jolly Roger

PRÉPARATION : 20 MIN | CUISSON : 4 H | POUR 6 PERSONNES

Quand Peter Pan et le Capitaine Crochet s'affrontent au Rocher du Crâne, chacun d'entre eux a ses supporters. Quand elle arrête de se couvrir les yeux, Wendy admire les voltiges de Peter et Monsieur Mouche, le loyal second de Crochet, encourage son capitaine. Après que Peter a poussé Mouche à tirer sur Crochet, celui-ci grimpe le long d'un précipice pour rejoindre le héros. « Embrochez-le, Capitaine ! crie Mouche. Transformez-le en passoire. »

- 2 cuil. à soupe d'huile
- 5 oignons jaunes moyens émincés
- 2 kg de poitrine de bœuf
- Sel et poivre
- 8 gousses d'ail hachées
- 220 g de champignons de Paris lavés et émincés
- 75 cl de bouillon de bœuf
- 20 cl de vin rouge
- 2 cuil. à soupe de sauce Worcestershire

Préchauffez le four à 165 °C (th. 5-6).

Faites chauffer 1 cuil. à soupe d'huile dans une grande cocotte sur feu moyen, puis ajoutez les oignons. Faites-les revenir en remuant pendant 10 à 12 min pour qu'ils caramélisent. Réservez dans un bol.

Séchez bien la poitrine avec du papier absorbant, puis assaisonnez-la généreusement de sel et de poivre. Versez l'autre cuillère d'huile dans la cocotte et saisissez la poitrine à feu vif de chaque côté jusqu'à ce qu'elle soit bien marquée, soit environ 3 min par face. Sortez la cocotte du feu.

Ajoutez les oignons, l'ail et les champignons dans la cocotte, puis le bouillon, le vin et la sauce Worcestershire. Couvrez la cocotte et mettez-la au four 4 h.

Sortez la cocotte du four et laissez-la reposer sans l'ouvrir 15 min. Déposez la poitrine sur une planche à découper et coupez les parties grasses. Tranchez-la et servez avec de la purée de pommes de terre, des légumes et le jus de cuisson.

Tourte du chasseur

PRÉPARATION 45 MIN | CUISSON : 1 H 45 | POUR 4 PERSONNES

« Miroir Magique au mur, qui a beauté parfaite et pure ? », demande chaque jour la Méchante Reine à son miroir. Quand celui-ci lui répond que Blanche-Neige est plus belle qu'elle, la reine décide d'agir. « Conduis Blanche-Neige dans la forêt, ordonne-t-elle au chasseur. Mène-la en un lieu isolé où elle cueillera des fleurs sauvages et là, loyal serviteur… tu la tueras. »

Cette savoureuse recette traditionnelle britannique est recouverte d'une croûte dorée facile à réaliser. Servez-la lors d'occasions spéciales comme les repas dominicaux en famille et entre amis.

POUR LA PÂTE

- 350 g de farine
- 1 cuil. à café de sel
- 175 g de beurre froid coupé en cubes
- 17 cl d'eau glacée
- 1 œuf battu pour la dorure

POUR LA GARNITURE

- 4 tranches de bacon bien épaisses
- 1 branche de céleri émincée
- 1 oignon jaune moyen émincé
- 2 cuil. à soupe de persil plat ciselé
- 2 cuil. à café de sauge séchée
- 5 tranches de pain de mie coupées en dés
- 15 cl de bouillon de volaille ou de légumes
- 1 cuil. à café de sel
- 1 cuil. à café de poivre
- 400 g de blanc de poulet haché
- 400 g de viande de porc hachée
- ½ cuil. à café de noix muscade râpée
- Huile végétale et farine pour le moule
- Colorant alimentaire rouge

Préparez la pâte. Dans le bol d'un batteur, versez la farine, le sel et le beurre, puis mélangez jusqu'à obtenir un résultat sableux. Tout en laissant le batteur en route, versez doucement l'eau jusqu'à obtenir une pâte. Posez cette pâte sur le plan de travail et pétrissez-la quelques instants. Divisez-la en trois parts : un tiers et deux tiers. Couvrez chaque pâton et mettez-les au frais 30 min.

Pendant ce temps, préparez la garniture. Faites cuire le bacon dans une grande sauteuse à feu vif jusqu'à ce qu'il soit croustillant. Déposez-le sur une assiette recouverte de papier absorbant et enlevez un maximum de graisse de la poêle.

Dans cette même poêle, faites cuire le céleri et les oignons pendant environ 10 min, jusqu'à ce qu'ils soient tendres. Réservez-les dans un grand cul-de-poule. Ajoutez le persil, la sauge, les dés de pain, le bouillon, le sel et le poivre. Mélangez bien, puis ajoutez le poulet. Mélangez à nouveau. Dans un autre grand cul-de-poule, réunissez le bacon, le porc haché et la noix muscade.

À suivre page 60

Préchauffez le four à 165 °C (th. 5-6). Huilez et farinez l'intérieur d'un moule à charnière de 25 cm. Abaissez le plus gros des deux pâtons pour obtenir un cercle de pâte d'environ 40 cm de diamètre. Placez-le dans le moule en pressant bien la pâte dans les angles et sur les bords. Déposez la garniture au porc dans le fond, puis la garniture au poulet.

Du pâton restant, faites un disque de 25 cm de diamètre (gardez un morceau de pâte pour faire une décoration en forme de cœur). Placez ce disque sur la garniture. Percez quelques fentes pour laisser la vapeur s'échapper, puis badigeonnez d'œuf battu à l'aide d'un pinceau alimentaire. Découpez un cœur dans le morceau de pâte réservé et posez-le sur la tourte. Mélangez le colorant alimentaire à ce qu'il vous reste d'œuf battu et teintez le cœur.

Posez le moule à manqué sur une plaque à pâtisserie recouverte d'une feuille de papier sulfurisé. Enfournez dans la partie basse du four pendant 1 h, puis déplacez la grille dans la partie haute du four jusqu'à ce qu'elle soit dorée, encore environ 45 min.

Sortez la tourte du four et laissez-la reposer pendant 30 min, puis ouvrez la charnière pour la démouler. Attention le moule et la tourte peuvent être très chauds. Servez.

Ragoût de bœuf du caïd

PRÉPARATION : 10 MIN | CUISSON : 2 H | POUR 8 PERSONNES

Dans la fameuse chanson à la gloire de Gaston, LeFou précise que « … personne ne sait tordre les cous comme Gaston, un caïd qui a du chien et des manières ». Gaston, que l'humilité n'étouffe pas, est bien d'accord. « T'as qu'à demander à Tom, Dick ou Stanley, continue LeFou. Avec toi, la Terre semble plus belle et plus ronde. » Ce ragoût de bœuf est aussi parfait que Gaston pense l'être. Une fois mijotée, la sauce épaisse de ce plat réclame qu'on la déguste avec des morceaux de pain aussi épais que les biceps de Gaston.

- 60 g de farine
- 1 cuil. à café de sel
- 1 cuil. à café de poivre
- 1 kg de bœuf à braiser, coupé en morceaux
- 3 cuil. à soupe d'huile
- 3 gros oignons jaunes ciselés
- 4 pommes de terre épluchées et coupées en morceaux de la même taille que la viande
- 50 cl de vin rouge
- 2,5 l de bouillon de bœuf
- 4 feuilles de laurier
- 2 cuil. à soupe de thym frais haché
- 2 cuil. à café de thym en poudre
- 6 grosses carottes épluchées et coupées en morceaux de la même taille que la viande

Dans un saladier, mélangez la farine, le sel et le poivre. Roulez la viande dans cette préparation. Chaque morceau doit être recouvert, mais évitez tout excès.

Dans une grande cocotte, faites chauffer 1 cuil. à soupe d'huile à feu moyen. Ajoutez la moitié de la viande et saisissez-la jusqu'à ce qu'elle brunisse, soit environ 6 min. Sortez la viande et réservez-la sur une assiette. Versez 1 autre cuil. à soupe d'huile dans la cocotte et recommencez. Réservez.

Versez la dernière cuillerée d'huile dans la cocotte et ajoutez les oignons. Faites-les dorer 10 min, puis ajoutez la viande, les pommes de terre, le vin rouge, le bouillon, le laurier et le thym. Laissez mijoter 1 h à feu moyen/doux.

Ajoutez les carottes et laissez mijoter encore 45 min. Enlevez les feuilles de laurier avant de servir.

Gumbo des amis de l'au-delà

PRÉPARATION : 15 MIN | CUISSON : 1 H 15 | POUR 8 À 10 PERSONNES

Quand le Dr Facilier attire le Prince Naveen et Lawrence dans son Cabinet Vaudou, il leur explique la nature de ses pouvoirs. « Je peux lire l'avenir, le modifier à mon goût et me glisser dans votre conscience et vos rêves les plus fous. Grâce à mon vaudou, à mon bagou, à mes "abracadabras" ! Et mes amis viennent de l'au-delà. »

Ce gumbo est inspiré de l'incomparable spécialité de La Nouvelle-Orléans, mais utilise des ingrédients qu'on peut trouver n'importe où. Si vous n'avez pas d'andouille épicée, remplacez-la par du chorizo, ou de la saucisse fumée et forcez un peu sur le poivre de Cayenne.

- 225 g de beurre
- 60 g de farine
- 350 g d'andouillette épicée en rondelles
- 1 gros oignon jaune ciselé
- 1 gros poivron vert en brunoise
- 2 grosses branches de céleri en brunoise
- 4 gousses d'ail hachées
- 800 g de concassé de tomates
- 450 g de gombos surgelés et décongelés
- 1 feuille de laurier sèche
- 1 cuil. à café de thym en poudre
- 1 cuil. à café de basilic en poudre
- 1 cuil. à café de paprika fumé
- 1 cuil. à café de poivre de Cayenne
- 1 cuil. à café de sel
- ½ cuil. à café de poivre noir
- 1 l de bouillon de légumes
- 750 g de crevettes décortiquées et déveinées
- Riz cuit pour l'accompagnement

Mettez le beurre et la farine dans une grande cocotte pour confectionner un roux. Faites cuire à feu moyen en remuant constamment jusqu'à ce que le mélange devienne brun (environ 15 min). Si vous brûlez le roux, il faudra recommencer, car cela rendra votre gumbo amer.

Ajoutez la saucisse et faites-la cuire environ 5 min, jusqu'à ce qu'elle commence à brunir, en remuant souvent. Ajoutez l'oignon, le poivron, le céleri et l'ail. Laissez cuire 8 à 10 min, en remuant régulièrement, jusqu'à ce que les légumes soient tendres.

Ajoutez les tomates, les gombos, les herbes et l'assaisonnement. Mélangez bien et laissez cuire encore 5 min.

Ajoutez le bouillon et laissez mijoter 30 min. Ajoutez les crevettes et laissez cuire 5 min. Sortez du feu. Servez le gumbo sur du riz blanc.

Succulent de poisson

PRÉPARATION : 10 MIN | CUISSON : 50 MIN | POUR 6 À 8 PERSONNES

Alors que Tamatoa chante à quel point il est « fier d'être bling-bling » et tente de voler le cœur de Te Fiti à Vaiana, il marque une pause pour avaler quelques poissons et s'exclame : « Hummm, succulent. » Ce plat n'est pas tout à fait ce que déguste le crabe étincelant, mais plutôt une sorte de tourte à la mode de la Nouvelle-Angleterre qui vous réconfortera par temps froid ou après un petit plongeon dans une eau fraîche. Remplacer la crème par du lait rendra ce plat plus léger, mais l'ensemble sera moins lié.

- 2 pommes de terre moyennes coupées en dés
- 2 cuil. à soupe d'huile d'olive
- 1 gros oignon ciselé
- 3 gousses d'ail hachées
- ½ poireau
- 1 grosse branche de céleri en brunoise
- 250 g de crevettes décortiquées et déveinées
- 250 g de poisson blanc coupé en petits morceaux
- 250 g de noix de saint-jacques
- Le jus de 1 citron
- 3 cuil. à soupe de beurre
- 3 cuil. à soupe de farine
- 45 cl de crème ou de lait
- 2 cuil. à soupe d'aneth frais
- 2 cuil. à soupe de persil frais
- 1 cuil. à soupe de moutarde de Dijon
- 90 g de petits pois surgelés ou frais
- 1 rouleau de pâte feuilletée
- 1 œuf battu
- Sel et poivre

Dans une grande casserole d'eau bouillante salée, faites cuire les pommes de terre à l'eau 10 min. Quand la pointe d'un couteau entre sans effort, égouttez et réservez.

Préchauffez le four à 200 °C (th. 6-7).

Dans une grande sauteuse, faites chauffer l'huile d'olive à feu moyen, puis faites revenir les oignons, l'ail, le poireau, le céleri et les pommes de terre pendant environ 5 min. Ajoutez les fruits de mer, le poisson et le jus de citron. Laissez cuire environ 5 min.

Pendant que le poisson cuit, préparez la sauce. Faites fondre le beurre dans une casserole sur feu moyen. Incorporez la farine puis la crème en mélangeant jusqu'à ce que la sauce soit liée, soit environ 3 min.

Ajoutez cette sauce au poisson avec l'aneth, le persil, la moutarde et les petits pois. Assaisonnez à votre goût avec du sel et du poivre. Déroulez la pâte et coupez un rectangle de 33 x 23 cm. Avec le dos d'une cuillère, faites sur la pâte un motif ressemblant aux écailles d'un poisson.

Transférez la préparation au poisson dans un plat à gratin de la même dimension que votre rectangle de pâte. Déposez ce rectangle sur la préparation. Badigeonnez d'œuf battu et mettez à cuire jusqu'à ce que la pâte soit dorée, donc environ 30 min.

À SAVOIR : N'hésitez pas à remplacer les éléments de la garniture aux fruits de mer par d'autres que vous préférez, comme le saumon qui est bon pour le cœur.

Soupe de noisettes

PRÉPARATION : 10 MIN | CUISSON : 1 H 45 | POUR 6 PERSONNES

Mère Gothel fait de son mieux pour rendre Raiponce heureuse bien qu'elle la séquestre dans une tour. « Je ramène des panais, annonce-t-elle à la princesse prisonnière. Nous aurons de la soupe de noisettes pour le dîner, ton plat préféré. Surprise ! » Même si ce plat ne suffira pas à retenir Raiponce dans sa prison, il n'en est pas moins délicieux.

- 110 g de noisettes décortiquées, plus quelques-unes pour la garniture
- 1 courge poivrée
- 3 cuil. à soupe d'huile d'olive
- 2 grosses échalotes émincées finement
- 500 g de panais coupé en cubes
- 2 pommes granny-smith coupées en cubes (conservez quelques tranches pour la garniture)
- 1,3 l de bouillon de légumes
- 1 cuil. à soupe de thym frais, plus quelques pincées pour la garniture

Préchauffez le four à 135 °C (th. 4-5). Disposez un tiers des noisettes sur une plaque à pâtisserie recouverte d'une feuille de papier sulfurisé et enfournez 25 min. Sortez du four, laissez refroidir et hachez-les.

Montez la température du four à 190 °C (th. 6). Coupez la courge en deux. Enlevez les pépins et les fibres. Badigeonnez les faces coupées avec ¼ de cuil. à soupe d'huile d'olive. Posez les deux parties dans un plat à four, faces coupées vers le bas, et faites cuire 35 à 40 min. Sortez-les du four et laissez-les refroidir jusqu'à ce que vous puissiez les manipuler. Récupérez la chair et jetez l'écorce.

Faites chauffer le reste de l'huile d'olive dans une grande cocotte, à feu moyen. Ajoutez les échalotes et faites-les cuire environ 5 min. Ajoutez les panais, les pommes et le reste des noisettes et laissez cuire encore 5 min.

Ajoutez le bouillon de légumes, le thym et la chair de la courge. Faites cuire pendant 30 min, jusqu'à ce que les légumes soient bien tendres, puis sortez du feu.

Mixez le contenu de la cocotte. Servez en garnissant de noisettes hachées, de rondelles de pommes et d'une pincée de thym.

À SAVOIR : Cette soupe vegan est riche en protéines. Vous pouvez remplacer les noisettes par des noix de cajou.

Moussaka de l'Olympe

PRÉPARATION : 1 H | CUISSON : 1 H 30 | CUISSON AU FOUR : 1 H | POUR 10 PERSONNES

Hadès, le dieu exubérant et colérique des Enfers, ne semble pas impressionné par la naissance d'Hercule, fils de son frère, Zeus. « Comme c'est attendrissant, se moque-t-il. Je n'ai pas été aussi estomaqué depuis que j'ai eu une boule de moussaka coincée dans la gorge. »

Cette moussaka végétarienne est un plat qui pourrait faire l'unanimité, car il est assez consistant pour rassasier les amateurs de viande et riche en protéines végétales apportées par ses couches de légumes et le crémeux de sa béchamel. Nos proportions devraient vous assurer un repas copieux et même beaucoup de restes.

2 petites aubergines
12,5 cl d'huile d'olive
1 cuil. à café de sel
1 cuil. à café de poivre
6 gousses d'ail hachées
4 courgettes moyennes
1 oignon jaune moyen ciselé
2 grosses branches de céleri en brunoise
2 grosses carottes en brunoise
450 g de champignons de Paris coupés en dés
1 cuil. à soupe d'origan frais
½ cuil. à café de cannelle en poudre
150 g de lentilles cuites
450 g de concassé de tomates
½ cuil. à café de poivre de Cayenne
150 g de feta émiettée
45 g de beurre
45 g de farine
70 cl de lait
1 cuil. à café de noix muscade
4 jaunes d'œufs battus
90 g de parmesan râpé

Épluchez les aubergines, puis coupez-les en fines tranches dans la longueur. L'usage d'une mandoline est recommandé. Plongez les tranches 30 min dans une grande quantité d'eau froide pour en retirer l'amertume. Égouttez et séchez dans un torchon propre.

Préchauffez le four à 230 °C (th. 7-8). Disposez les tranches d'aubergines sur deux plaques à pâtisserie. Badigeonnez-les de 3 cuil. à soupe d'huile d'olive, salez, poivrez, puis enfournez 8 min. Retournez-les et laissez cuire encore 8 min. Sortez-les du four, transférez-les sur un plateau et couvrez.

Coupez les courgettes dans la longueur, comme les aubergines. Disposez-les sur les plaques à pâtisserie, badigeonnez-les de 3 cuil. à soupe d'huile d'olive, salez, poivrez et enfournez 5 min. Retournez-les et enfournez à nouveau 5 min. Sortez-les du four et réservez. Réduisez la température du four à 205 °C (th. 6-7).

Dans une grande poêle, faites chauffer le restant d'huile d'olive. Ajoutez l'ail, l'oignon, le céleri et les carottes. Laissez cuire environ 10 min, puis ajoutez les champignons, l'origan et la cannelle et laissez cuire encore 10 min. Ajoutez les lentilles, les tomates et le poivre de Cayenne. Laissez cuire 5 min pour que les saveurs se mélangent.

Dans un grand plat à gratin, disposez la moitié des aubergines en une couche uniforme. Faites de même avec la moitié des courgettes, puis ajoutez la préparation aux lentilles et la feta. Finissez avec les courgettes, puis les aubergines restantes.

Préparez la béchamel. Mettez le beurre et la farine dans une casserole sur feu moyen. Remuez jusqu'à ce que le mélange prenne une teinte brune, soit environ 5 min. Incorporez le lait petit à petit en fouettant, puis ajoutez la noix muscade. En remuant constamment, incorporez les jaunes d'œufs. Ajoutez le parmesan, 1 cuil. à café de sel et 1 cuil. à café de poivre. Laissez épaissir à feu doux pendant 3 min en continuant de tourner.

Versez la béchamel sur les légumes dans le plat. Saupoudrez le reste du parmesan. Enfournez 30 min. Sortez du four et laissez reposer au moins 15 min avant de servir.

Bouillon pour dragons malades

PRÉPARATION : 10 MIN | CUISSON : 45 MIN | POUR 8 PERSONNES

À l'issue du duel de magie, Madame Mim est sûre d'avoir gagné. Transformée en dragon (et brisant ainsi sa propre règle interdisant l'utilisation d'animaux imaginaires), elle attrape Merlin qui a la forme d'une souris. « J'ai gagné ! s'exclame-t-elle. J'ai gagné ! »
Mais, soudain, Merlin disparaît.

« Je suis le microbe d'une maladie rare, la malignalitaloptereosis, et vous m'avez attrapée, Mim ! explique-t-il. Vous allez être couverte de pustules. Ensuite, vous aurez des accès de fièvre, vous serez brûlante et glacée, avec des éternuements. »

Plus tard, Merlin prescrit à Mim du repos et beaucoup de soleil, mais tous les parents du monde savent que rien ne vaut un bouillon pour recouvrer la santé. Cette soupe est un bouillon d'os connu pour ses propriétés réconfortantes avec des farfalles évoquant les ailes de dragon de Mim. Petit secret : pas besoin d'être malade pour déguster ce classique, quelques frimas suffiront.

- 2 cuil. à soupe d'huile d'olive
- 3 oignons moyens émincés
- 4 grosses gousses d'ail hachées
- 4 grosses carottes en brunoise
- 4 grosses branches de céleri en brunoise
- 1 cuil. à café de sel
- 1 cuil. à café de poivre
- 2 cuil. à soupe d'aneth séché
- 3 l de bouillon de volaille
- 1 l de bouillon d'os de poulet
- 600 g de chair de poulet hachée
- 125 g de farfalles

Mettez l'huile d'olive à chauffer à feu moyen dans une grande cocotte, puis ajoutez les oignons et l'ail. Laissez cuire environ 10 min, jusqu'à ce que les oignons soient translucides. Ajoutez les carottes et le céleri, puis faites cuire encore 10 min.

Ajoutez le sel, le poivre, l'aneth, les bouillons et la chair de poulet. Faites frémir et laissez cuire 10 min. Ajoutez les pâtes et laissez cuire à petit bouillon encore 10 min.
Servez chaud, que ce soit à des dragons ou à de vraies personnes...

Codfish and chips

PRÉPARATION : 20 MIN | CUISSON : 20 MIN | POUR 4 PERSONNES

Le Capitaine Crochet est bien décidé à se venger de l'espiègle Peter Pan, mais, malgré tous ses efforts, il ne parvient jamais à avoir le dessus face au chef des Garçons Perdus et ce satané crocodile Tic-Tac.

« Je t'aurai un jour, Peter Pan ! Même si je dois aussi y laisser ma peau », promet le capitaine. Mais quand le garçon le tient à la pointe de son épée, il se voit contraint de hurler : « Je suis un poisson pourri ! » Sa défaite est totale.

Cette recette de *fish and chips* inspirée du grand classique britannique allie la chair blanche de la morue à des frites croustillantes. Aromatisez d'un peu de vinaigre et de sel comme on le fait outre-Manche, ou servez avec une sauce tartare.

POUR LES FRITES

- 1 kg de grosses pommes de terre Bintje
- Sel
- Huile de friture

POUR LE POISSON

- 1 kg de cabillaud
- 180 g de farine
- 1 ½ cuil. à soupe de Maïzena
- 1 ½ cuil. à café de levure chimique
- 25 cl d'eau gazeuse
- Huile de friture

Préparez les pommes de terre. Nettoyez-les et épluchez-les si vous le désirez. Coupez-les en bâtonnets. Plus ils seront fins, plus les frites seront croustillantes. Plongez les frites dans de l'eau froide pendant 2 h.

Préparez le poisson. Découpez le cabillaud en 4 morceaux de même taille et séchez-les dans un torchon propre. Mélangez tous les ingrédients secs dans un grand saladier. Versez l'eau gazeuse pour obtenir une pâte dense et assez légère pour couvrir le poisson sans excès.

Dans une grande cocotte, versez 10 cm d'huile de friture et faites-la chauffer sur feu moyen/vif jusqu'à ce qu'elle soit très chaude, environ 190 °C. Vérifiez avec un thermomètre adéquat ou en y laissant tomber une goutte d'eau froide. Si l'huile grésille, elle est assez chaude.

Plongez chaque morceau de poisson dans la pâte, puis dans l'huile. Il ne faut pas qu'ils se touchent. Faites cuire pendant environ 3 min par côté, jusqu'à obtenir une belle couleur dorée. À la sortie, posez-les sur une assiette couverte de papier absorbant et couvrez pour garder au chaud.

Égouttez les frites et séchez-les dans un torchon propre.

Dans la même cocotte contenant 10 cm d'huile, toujours à 190 °C environ, plongez les frites et faites-les cuire en plusieurs fois jusqu'à ce qu'elles soient bien dorées. Sortez-les et déposez-les sur du papier absorbant. Assaisonnez d'un peu de sel et servez avec le poisson et de la sauce tartare.

Gâteaux & tartes

Diversion bioluminescente

Gâteau de non-anniversaire

Gâteaux magma

Gâteau tacheté et sa crème à la vanille

Tarte de fruits rouges à la poêle

Haut-de-forme vaudou

Trifle de la maîtresse des maléfices

Tarte serpent

Diversion bioluminescente

PRÉPARATION : 30 MIN | CUISSON : 1 H | POUR 12 PARTS

Tamatoa accumule sur sa carapace d'un bleu éclatant tous les objets brillants qu'il trouve, mais il en veut toujours plus et il est clair qu'il s'emparerait de ce gâteau s'il le pouvait. Une fois coupé, ce *bundt cake* est une explosion de couleur et son glaçage multicolore crée une diversion qui séduirait le crabe géant en personne. Selon votre goût, n'hésitez pas à remplacer l'extrait de noix de coco par de l'extrait de vanille et ne mettez pas de noix de coco en poudre.

POUR LE GÂTEAU

400 g de farine

3 cuil. à soupe de Maïzena

1 ½ cuil. à café de levure chimique

1 ½ cuil. à café de gros sel

340 g de beurre demi-sel tempéré

600 g de sucre semoule

1 cuil. à soupe d'extrait de vanille

1 cuil. à soupe d'extrait de noix de coco

4 gros œufs

¼ l de lait entier

70 g de noix de coco en poudre + quelques pincées pour la finition

4 colorants alimentaires de couleur vive

POUR LE GLAÇAGE

345 g de sucre glace

6 cuil. à soupe de lait entier

½ cuil. à café d'extrait de vanille

½ cuil. à café d'extrait de noix de coco

4 colorants alimentaires de couleur vive

Préparez le gâteau. Préchauffez le four à 180 °C (th. 6). Dans un grand saladier, mélangez la farine, la Maïzena, la levure et le sel.

Au batteur électrique, mélangez le beurre et le sucre jusqu'à obtenir une pommade aérée, soit pendant 2 min. Ajoutez les extraits de noix de coco et de vanille, puis les œufs un à un en battant après chaque ajout.

Ajoutez la moitié des ingrédients secs aux ingrédients humides et battez jusqu'à ce qu'ils soient liés. Versez le lait et la noix de coco, puis mélangez jusqu'à incorporation complète. Ajoutez le reste des ingrédients secs et mélangez jusqu'à obtenir une pâte homogène.

Divisez équitablement cette pâte dans quatre récipients. Ajoutez un peu de colorant alimentaire à chaque quart et mélangez pour obtenir la couleur désirée.

Beurrez et farinez un moule à kouglof de 25 cm, puis versez-y alternativement les pâtes de différentes couleurs. Mettez à cuire jusqu'à ce qu'une pointe de couteau plantée dans le gâteau en ressorte sèche, soit 55 à 60 min. Laissez refroidir dans le moule 10 min, puis démoulez dans un plat et laissez refroidir complètement.

Préparez le glaçage. Dans une petite casserole et à feu moyen, fouettez le sucre glace, le lait et la vanille pendant 2 min. Sortez la préparation du feu et divisez-la dans quatre bols. En débutant par la couleur la plus sombre, ajoutez un peu de colorant alimentaire, mélangez pour obtenir la teinte voulue et versez le résultat sur le gâteau sans attendre. Recommencez pour les trois autres couleurs et faites vite, car le glaçage commence à prendre dès qu'on le sort du feu. Saupoudrez de noix de coco en poudre et laissez le glaçage durcir complètement avant de servir, si vous arrivez à tenir...

POKER
PLAYING

Gâteau de non-anniversaire

PRÉPARATION : 30 MIN | CUISSON : 30 MIN | POUR 12 PARTS

Quand le Chapelier Fou est appelé à témoigner lors du procès d'Alice, il déclare avoir passé la journée à boire du thé et précise : « Aujourd'hui est mon non-anniversaire. »

« C'est donc également le vôtre, ma chère, glisse le Roi de Cœur à son épouse.

– Ah bon ? » répond la Reine alors que toute la cour entonne avec ferveur « Un joyeux non-anniversaire à vous ! » en lui amenant un gâteau qui, l'espace d'un instant, lui fait oublier tout projet de décapitation.

Ce délicieux gâteau *red velvet* couronné de roses et de symboles de cartes à jouer a de quoi satisfaire une reine lors de son anniversaire, son non-anniversaire ou toute autre occasion.

POUR LE GÂTEAU

20 cl d'huile végétale

225 g de lait ribot

3 gros œufs

1 cuil. à soupe de colorant alimentaire rouge

1 cuil. à café de vinaigre blanc

1 cuil. à café d'extrait de vanille

300 g de farine

300 g de sucre en poudre

1 cuil. à café de levure chimique

1 cuil. à café de sel

1 cuil. à soupe de cacao en poudre

POUR LE GLAÇAGE

500 g de fromage frais (type Philadelphia)

460 g de sucre glace

225 g de beurre tempéré

1 cuil. à café d'extrait de vanille

POUR LA DÉCORATION

255 g de pépites de chocolat

60 g de pâte à sucre noire

Roses rouges en sucre du commerce

Préparez le gâteau. Préchauffez le four à 180 °C (th. 6).

Au batteur électrique, mélangez l'huile, le lait ribot, les œufs, le colorant alimentaire, le vinaigre et la vanille jusqu'à une homogénéité parfaite. Ajoutez la farine, le sucre, la levure chimique, le sel et le cacao en poudre. Battez à vitesse moyenne pendant 2 min.

Beurrez et farinez deux moules ronds de 23 cm, puis versez la pâte équitablement dans les deux moules. Tapez-les légèrement sur le plan de travail pour supprimer les bulles d'air. Enfournez 30 min, jusqu'à ce qu'une lame plantée dans les gâteaux ressorte sèche.

Sortez les gâteaux du four et laissez-les refroidir quelques instants dans les moules, puis retournez-les sur une grille et laissez-les refroidir.

Préparez le glaçage : mélangez tous les ingrédients à l'aide d'un batteur électrique à vitesse moyenne, jusqu'à ce que l'ensemble soit homogène, soit environ 4 min. Mettez au froid jusqu'à utilisation.

À suivre page 81

Quand les gâteaux sont bien froids, égalisez leur surface avec un couteau à dents. Mettez un des gâteaux, face coupée vers le haut, sur un plat de service, puis étalez une couche généreuse de glaçage dessus avant d'y poser l'autre gâteau, face coupée vers le bas. Étalez le glaçage restant sur le dessus et les bords de votre gâteau et lissez-le bien. Pressez les pépites de chocolat sur les bords, puis mettez au réfrigérateur 30 min.

Pendant que le gâteau refroidit, préparez les symboles de cartes à jouer. Étalez la pâte à sucre sur une épaisseur d'environ 2-3 mm et, de la pointe d'un couteau, découpez un cœur, un pique, un trèfle et un carreau. Déposez-les sur votre gâteau et ajoutez quelques roses rouges.

Gâteaux magma

PRÉPARATION : 20 MIN | CUISSON : 17 MIN | POUR 4 PERSONNES

Le redoutable Chernabog veille sur son royaume du Mont Chauve, pic dont la forme enténébrée se découpe sur le ciel nocturne. Des créatures ailées et des esprits du feu dansent autour de lui alors que les cieux s'assombrissent. C'est le pays de la nuit et une montagne de feu liquide le surplombe.

Ces gâteaux magma richement fourrés d'un délicieux chocolat liquide sont bien moins effrayants que Chernabog. Leur « lave en fusion » est une délicieuse et épaisse sauce au chocolat retenue dans une coque en chocolat, ce qui donne un dessert irrésistible, surtout avec une pointe de crème fouettée.

- 225 g de beurre
- 2 cuil. à soupe de pépites de chocolat noir
- 6 cuil. à soupe de pépites de chocolat au lait
- 130 g de sucre glace
- 2 œufs + 3 jaunes
- 1 cuil. à café de vanille
- 1 cuil. à café de café pour expresso
- 65 g de farine
- Crème fouettée ou crème glacée

Préchauffez le four à 220 °C (th. 7-8).

Mettez le beurre et les pépites de chocolat dans un cul-de-poule moyen, puis posez-le dans une casserole contenant de l'eau. Le fond de votre cul-de-poule doit être au-dessus du niveau de l'eau. Faites fondre le beurre et le chocolat à feu doux en remuant constamment et sortez le cul-de-poule du feu.

Incorporez le sucre en fouettant, puis les œufs entiers et les jaunes, la vanille, le café et la farine en remuant entre chaque élément.

Beurrez et farinez 4 ramequins et répartissez équitablement la préparation entre eux.

Faites cuire 15 à 17 min, jusqu'à ce que les bords soient cuits, mais que le centre reste moelleux.

Sortez du four et laissez refroidir 5 min. Servez avec de la crème fouettée ou une boule de glace.

Gâteau tacheté et sa crème à la vanille

PRÉPARATION : 20 MIN | CUISSON : 1 H 30 | POUR 8 PARTS

Au lieu de vouloir retrouver à tout prix les chiots tachetés de Perdita et Pongo, Cruella d'Enfer aurait sans doute été plus avisée de profiter de ce délicieux dessert. Connu sous différents noms, le *Spotted Dog* (littéralement « Chien tacheté » en anglais) est un pudding britannique traditionnel cuit à la vapeur et servi avec une crème pâtissière à la vanille. On trouve des moules à pudding peu chers en ligne. Sinon, servez-vous d'un moule à kouglof recouvert de papier d'aluminium et fermé avec de la ficelle de cuisine. Le résultat a l'apparence d'un gâteau, mais c'est plus léger, légèrement sucré et tout simplement inoubliable.

POUR LE PUDDING

115 g de beurre en morceaux

240 g de farine

2 cuil. à café de levure chimique

¼ cuil. à café de sel

200 g de sucre

23 cl de lait

1 cuil. à soupe d'extrait de vanille

Le zeste de 1 gros citron

Le zeste de 1 orange

150 g de raisins de Corinthe secs

POUR LA CRÈME À LA VANILLE

4 jaunes d'œufs

100 g de sucre

1 gousse de vanille

23 cl de lait

230 g de crème fraîche

Préparez le pudding. Remplissez d'eau la moitié d'une grande cocotte. Posez au fond quelque chose qui évitera que le moule à gâteau touche le fond de la cocotte. Une petite grille sur pied serait idéale, ou des emporte-pièces en métal, ou un petit plat à four retourné.

Dans le bol d'un robot de cuisine, mélangez le beurre, la farine, la levure chimique, le sel et le sucre jusqu'à ce que cette préparation ressemble à du sable.

Dans un grand cul-de-poule, mélangez le lait, la vanille et les zestes. Ajoutez la première préparation et mélangez jusqu'à obtenir un résultat homogène. Incorporez les raisins.

Beurrez et farinez l'intérieur du moule, puis versez la pâte. Fermez avec le couvercle. Si vous utilisez un moule à kouglof et de l'aluminium, fermez-le bien avec de la ficelle pour le rendre étanche à l'air et à l'eau. Posez le moule à pudding dans le bain-marie. Si nécessaire, modifiez le niveau d'eau pour qu'il atteigne la moitié de la hauteur du moule. Couvrez la cocotte et portez l'eau à frémissement à feu moyen. Laissez cuire sans ouvrir pendant 1 h 30, puis sortez le moule de l'eau en faisant très attention à la vapeur chaude. Laissez le pudding refroidir 10 min dans le moule.

Pendant la cuisson du pudding, préparez la crème pâtissière à la vanille. Dans un cul-de-poule, mélangez les jaunes d'œufs et le sucre.

Mélangez le lait et la crème dans une casserole moyenne, à feu moyen. Coupez la gousse de vanille en deux et récupérez les graines noires de la pointe du couteau. Ajoutez-les dans le lait. Faites chauffer sans laisser bouillir. Versez environ 15 cl de ce mélange encore chaud sur les jaunes d'œufs et fouettez immédiatement pour éviter qu'ils ne cuisent. Continuez de fouetter pendant 1 min pour refroidir le mélange, puis versez-le lentement dans la casserole en fouettant. Laissez frémir 3 à 4 min, jusqu'à ce que la crème épaississe, mais sans la faire bouillir. Cela créerait des grumeaux.

Démoulez le pudding dans un plat, coupez des parts et couvrez-les généreusement de crème à la vanille.

Tarte de fruits rouges à la poêle

PRÉPARATION : 15 MIN | CUISSON : 45 MIN | POUR 6 PERSONNES

« Nous sommes dans un monde amer, chante Mère Gothel à Raiponce quand celle-ci demande à quitter sa tour. Partout le mal guette sur Terre. Bandits, voleurs, poisons, sables mouvants, cannibales, serpent, la peste », ajoute-t-elle en faisant sauter une poupée dans une poêle. Malgré ce tableau terrifiant, Raiponce s'enfuira, emportant avec elle la poêle pour se protéger.

Après avoir essayé cette tarte de fruits rouges, vous allez l'apprécier, vous aussi, mais pour d'autres raisons. Simple à préparer et fin en apothéose de tout repas, la tarte de fruits rouges à la poêle deviendra à coup sûr une de vos spécialités.

POUR LA GARNITURE

- 300 g de sucre
- 1 cuil. à café de cannelle
- 30 g de Maïzena
- Environ 900 g de fruits rouges mélangés
- Le jus de 1 citron

POUR LE CRUMBLE

- 135 g de farine
- 200 g de sucre
- 2 cuil. à café de cannelle
- 1 cuil. à café de noix muscade
- 115 g de beurre tempéré
- Crème glacée ou crème fouettée (facultatif)
- Huile pour la poêle

Préchauffez le four à 205 °C (th. 6-7).

Préparez la garniture. Dans un grand cul-de-poule, mélangez bien le sucre, la cannelle et la Maïzena, puis ajoutez les fruits et le jus de citron.

Huilez une poêle moyenne. Sur un feu doux, ajoutez le mélange aux fruits. Laissez cuire 5 min, jusqu'à ce que les fruits soient enrobés.

Préparez le crumble. Dans un saladier, mélangez la farine, le sucre et les épices, puis incorporez le beurre et mélangez entre vos doigts pour obtenir un résultat ressemblant à des miettes.

Saupoudrez cette préparation sur les fruits, mais ne mélangez pas. Mettez au four 45 min, jusqu'à ce que le crumble soit doré. Laissez reposer 30 min avant de servir. Servez avec de la crème fouettée ou de la glace si vous le désirez.

Haut-de-forme vaudou

PRÉPARATION : 30 MIN | CUISSON : 25 MIN | POUR 12 PERSONNES

Le Dr Facilier, grand maître en « lecture du tarot, charmes, potions et réalisation des rêves » se sert de ses pouvoirs vaudous pour dominer La Nouvelle-Orléans et y imposer sa volonté. Son haut-de-forme plane au-dessus de la foule, le crâne et les os croisés semblant surveiller les gens qu'il veut contrôler. Ce gâteau intense a choisi son camp : celui des desserts, pas des sortilèges vaudous.

POUR LE GÂTEAU

4 œufs

20 cl de lait ribot

6 cl d'huile végétale

1 cuil. à café d'extrait de vanille

270 g de farine

400 g de sucre semoule

100 g de cacao en poudre

2 cuil. à café de bicarbonate de soude

1 cuil. à café de levure chimique

1 cuil. à café de sel

POUR LE GLAÇAGE À LA CRÈME AU BEURRE

180 g de beurre mou

180 g de sucre glace

1 cuil. à café d'extrait d'amande

3 blancs d'œufs

POUR LA DÉCORATION

680 g de pâte à sucre noire

115 g de pâte à sucre blanche

115 g de pâte à sucre rouge

1 plume violette

Préchauffez le four à 180 °C (th. 6).

Préparez le gâteau. Dans le bol d'un batteur, mélangez les œufs, le lait ribot, l'huile et la vanille à vitesse lente. Passez en vitesse moyenne et ajoutez petit à petit la farine, le sucre, le cacao, le bicarbonate, la levure et le sel. Battez jusqu'à obtenir un mélange homogène.

Huilez et farinez trois moules à gâteau de 15 cm de diamètre. Partagez la pâte équitablement entre ces trois moules. Si vous devez faire cuire la pâte en plusieurs fois, mettez-la au réfrigérateur entre chaque cuisson.

Faites cuire les gâteaux jusqu'à ce qu'une lame plantée au centre ressorte sèche, soit environ 25 min. Laissez reposer 10 min et démoulez sur une grille. Laissez refroidir environ 2 h avant de glacer.

Préparez le glaçage. Dans le bol du robot, mélangez tous les ingrédients à vitesse moyenne environ 3 min pour obtenir un mélange homogène.

Passez à la décoration. Posez un des gâteaux sur un plat de service noir et garnissez d'une généreuse couche de crème au beurre. Recouvrez du deuxième gâteau, de crème, puis du troisième gâteau et de crème à nouveau. Quand les trois sont en place, recouvrez l'ensemble de crème au beurre. Ne jetez pas ce qui reste, cela va vous servir.

Préparez la pâte à sucre. Abaissez une boule un peu plus grosse qu'une balle de tennis de pâte à sucre noire en un cercle de 40 cm de diamètre. Posez-le au sommet du gâteau, puis, avec précaution, drapez les côtés jusqu'à sa base.

Abaissez la valeur d'une balle de golf de pâte à sucre blanche en un cercle de 15 cm environ. Coupez-y la forme d'un crâne et deux os. Collez-les au centre du gâteau avec une pointe de crème au beurre.

Abaissez la valeur d'une balle de tennis de pâte à sucre rouge. Coupez une bande de 5x46 cm, qui viendra se placer à la base du gâteau avec un peu de crème au beurre. Coincez la plume dans cette bande.

Trifle de la maîtresse des maléfices

PRÉPARATION : 30 MIN | CUISSON : 20 MIN | POUR 10 PARTS

Durant seize années, terrée dans la Montagne Interdite, Maléfique attendit de voir se concrétiser la malédiction qu'elle avait lancée sur la princesse Aurore. Quand celle-ci revint au château, la sorcière l'attira jusqu'à un rouet sur lequel la princesse se piqua le doigt et succomba au sort. « Vous voilà bien punies ! lance-t-elle aux marraines d'Aurore dans un rire diabolique. Vous pensiez me vaincre, moi qui règne sur le mal ? » Ce trifle diablement tentateur avec ses belles couches de pudding à la pistache maison et son ensorcelante crème violette fera sensation au moment du dessert.

POUR LE PUDDING

- 180 g de pistaches décortiquées
- 3 cuil. à soupe de Maïzena
- ½ cuil. à café de sel
- 4 jaunes d'œufs
- 460 g de crème fraîche
- 70 cl de lait
- 200 g de sucre semoule
- 225 g de beurre
- 1 ½ cuil. à café d'extrait de vanille

POUR LA CRÈME FOUETTÉE

- 2 cuil. à café de gélatine en poudre
- 3 cuil. à soupe rases d'eau
- 690 g de crème fraîche
- Colorant alimentaire violet
- 1 cuil. à café d'extrait de vanille
- 33 g de sucre glace

POUR LE TRIFLE

- 500 g de brownie du commerce
- Vermicelles décoratifs verts

Placez les fouets de votre batteur et un saladier au réfrigérateur.

Préparez le pudding. Mixez les pistaches pour obtenir une poudre fine. Versez dans un saladier et ajoutez la Maïzena et le sel. Dans un autre récipient, fouettez ensemble les jaunes d'œufs et la crème. Incorporez petit à petit le mélange sec au mélange humide.

Faites frémir à feu moyen le lait et le sucre dans une grande casserole. Attendez que de petites bulles se forment au bord du liquide. Versez la moitié du contenu de la casserole dans la préparation à la crème et fouettez immédiatement pour éviter que les jaunes d'œufs cuisent. Quand tout est bien mélangé, versez cette préparation dans la casserole.

Portez à ébullition en remuant constamment et faites cuire 3 min jusqu'à ce que ce soit bien épais. Sortez du feu, puis ajoutez le beurre et la vanille. Mélangez jusqu'à ce que le beurre ait fondu, puis versez le tout dans un récipient. Couvrez d'un film plastique au contact avec la crème pour éviter la formation d'une peau. Laissez refroidir au moins 4 h.

Préparez la crème fouettée. Mélangez la gélatine et l'eau dans un petit bol. Laissez reposer 5 min, puis passez au micro-ondes 10 s pour liquéfier la gélatine. Fouettez pour obtenir un résultat homogène.

Sortez le saladier et les fouets du réfrigérateur. Versez-y la crème, le colorant alimentaire et l'extrait de vanille. Fouettez à vitesse moyenne en versant le sucre dans la crème petit à petit. Quand des pointes apparaissent, incorporez lentement la gélatine. Battez encore 1 min, jusqu'à obtenir des pointes plus solides et réservez au frais jusqu'à utilisation.

Préparez le trifle. Dans des verrines, empilez les couches de pudding, de brownie et de crème fouettée. Finissez par quelques vermicelles verts et gardez au frais jusqu'au moment de servir.

Tarte serpent

PRÉPARATION : 30 MIN | CUISSON : 30 MIN | POUR 10 PERSONNES

Grâce à ses pouvoirs hypnotiques, l'énorme python Kaa est aussi envoûtant que terrifiant. C'est l'un des animaux les plus dangereux de la jungle et il se sert de son regard magnétique pour enserrer sa proie dans ses anneaux. « Mais qu'avons-nous là ? demande-t-il en découvrant Mowgli. C'est un petit homme. Un déliccccccccieux petit homme. »

Vous succomberez avec délice face aux anneaux de cette pâtisserie aux amandes et à l'orange ressemblant à un serpent. Elle s'inspire d'un dessert d'Afrique du nord appelé M'hanncha, ce qui signifie « tarte serpent ». Utiliser de la pâte phyllo est délicat, car elle se déchire facilement, mais on peut la réparer avec des « rustines » de pâte collées au beurre fondu. Ce dessert récompensera tous vos efforts et sera encore meilleur le lendemain, au petit déjeuner.

POUR LA GARNITURE

- 390 g d'amandes
- 100 g de sucre glace
- ½ cuil. à café de cannelle
- ¼ de cuil. à café de cardamone en poudre
- 170 g de beurre doux fondu
- 2 jaunes d'œufs battus
- 1 orange bio
- 1 cuil. à café d'extrait de vanille

POUR LE GÂTEAU

- 12 feuilles de pâte phyllo décongelées si nécessaire
- 170 g de beurre fondu
- 2 jaunes d'œufs battus
- 1 cuil. à soupe d'eau
- 1 cuil. à café de cannelle
- 35 g de sucre glace
- 15 g d'amandes effilées

Préparez la garniture. Mixez les amandes, le sucre, la cannelle et la cardamone au hachoir électrique pendant 1 min. Versez dans le bol d'un batteur et mélangez avec le beurre et les jaunes d'œufs. Ajoutez le jus et le zeste de l'orange ainsi que la vanille et mélangez jusqu'à obtenir un résultat homogène. Débarrassez cette préparation dans un bol, couvrez-la et mettez-la au réfrigérateur au moins 30 min.

Préparez le gâteau. Préchauffez le four à 180 °C (th. 6). Pour utiliser les feuilles de pâte phyllo, posez-les devant vous dans le sens de la longueur. Badigeonnez le tiers supérieur de beurre fondu avec un pinceau. Étalez environ 3 cuil. à soupe de garniture sur le tiers du bas. En commençant par celui-ci, roulez chaque feuille en serrant bien (mais pas trop, c'est fragile) pour remonter jusqu'à la partie beurrée. Ensuite, disposez les rouleaux en spirale et réparez les déchirures éventuelles avec un morceau de phyllo collé au beurre. Posez la tarte sur une plaque à pâtisserie recouverte d'une feuille de papier sulfurisé.

Mélangez l'œuf, l'eau et la cannelle, puis passez cette préparation au pinceau sur votre tarte. Faites cuire jusqu'à ce qu'elle dore, soit environ 30 min. Laissez-la refroidir, puis saupoudrez de sucre glace et d'amandes effilées.

Biscuits & douceurs

Pommes empoisonnées

Cookies du Mont Chauve

Cœurs calmes

Bols de terre aux lombrics

Sceptres du cobra

Queues de tigre

Cornes diaboliques à la crème

Pommes empoisonnées

PRÉPARATION : 15 MIN | CUISSON : 1 H | POUR 6 PERSONNES

La reine persuade Blanche-Neige de croquer dans une pomme empoisonnée et, à la première bouchée, la jeune princesse succombe aux noirs desseins de sa belle-mère.

N'ayez crainte, le seul « poison » qu'on trouve dans ces savoureuses pommes cuites n'est qu'une sauce au caramel. Assurez-vous de choisir des fruits qui ne se ratatineront pas dans le plat au cours de la cuisson.

POUR LES POMMES CUITES

6 pommes fermes, granny-smith ou honeycrunch

110 g de beurre mou

200 g de sucre brun

1 ½ cuil. à café de cannelle

1 cuil. à café de gingembre en poudre

65 g de noix de pécan hachées

35 cl de cidre

POUR LA SAUCE AU CARAMEL « EMPOISONNÉE »

110 g de beurre mou

200 g de sucre brun

120 g de crème fraîche

1 cuil. à café d'extrait de vanille

1 pincée de sel

Colorant alimentaire vert en pâte

Préparez les pommes. Préchauffez le four à 190 °C (th. 6). Enlevez le trognon des fruits avec un vide-pommes ou un couteau d'office et une cuillère. Veillez bien à laisser le fond des pommes intact pour retenir la garniture.

Mélangez le beurre, le sucre, la cannelle, le gingembre et les noix de pécan. Répartissez cette préparation dans les pommes, puis disposez-les debout dans un plat de cuisson à bords hauts. Versez le cidre dans le plat. Ajustez la quantité pour recouvrir le fond.

Faites cuire jusqu'à ce que les pommes soient tendres, soit entre 50 min et 1 h, selon leur calibre.

Préparez la sauce au caramel. Dans une petite casserole à feu moyen, portez à ébullition le mélange beurre, sucre et crème. Baissez alors le feu et laissez cuire 5 min en remuant souvent jusqu'à ce que le caramel épaississe.

Sortez du feu et incorporez la vanille, le sel et assez de colorant pour rendre le caramel vert.

Posez chaque pomme dans une assiette à dessert et, à l'aide d'une cuillère, couvrez-les de caramel. Servez chaud.

Cookies du Mont Chauve

PRÉPARATION : 10 MIN | CUISSON : 15 MIN | POUR 12 COOKIES

Le mal hante le sommet du Mont Chauve. De son perchoir, Chernabog précipite un village en contrebas dans les ténèbres en invoquant le feu et les démons.

Ces cookies « hérisson » évoquent toute la noirceur de cette montagne et leurs yeux rouges rappellent ceux du démon de *Fantasia*.

- 80 g de pépites de chocolat
- 3 blancs d'œufs
- 25 g de cacao en poudre
- 150 g de sucre en poudre
- 3 g de sel
- 1 ½ cuil. à café d'extrait de vanille
- 210 g de noix de coco râpée
- 24 bonbons à la cannelle rouge

Faites fondre les pépites de chocolat au micro-ondes 30 s. Mélangez, puis remettez-les au four pour 30 s de plus. Mélangez jusqu'à obtenir un résultat homogène et laissez refroidir à température ambiante.

À l'aide d'un batteur électrique, montez les blancs d'œufs jusqu'à ce qu'ils soient mousseux, mais pas encore fermes, puis ajoutez petit à petit le cacao, le sucre, le sel et la vanille.

Incorporez ensuite, à la main, la noix de coco et le chocolat refroidi. Couvrez et mettez au réfrigérateur 1 h.

Préchauffez le four à 165 °C (th. 5-6). Couvrez une plaque à pâtisserie de papier cuisson. Déposez-y 12 cuil. de pâte et donnez-leur la forme d'une montagne. Ajoutez deux bonbons rouges sur chacun d'entre eux. Placez au congélateur 10 min, puis enfournez 13 à 15 min. Sortez du four et laissez refroidir.

Cœurs calmes

PRÉPARATION : 45 MIN | CUISSON : 8 MIN PAR FOURNÉE | POUR 48 BISCUITS

La Reine de Cœur est toujours en colère et hurle sans cesse des choses comme « Silence ! » et son fameux « Qu'on lui coupe la tête ! ».

Sur leur glaçage blanc, ces biscuits en forme de cœur rouge présentent quelques citations célèbres de la souveraine et de son époux, le Roi de Cœur. Décorez-les avec vos préférées, des symboles de cartes à jouer ou des roses.

POUR LES BISCUITS

- 310 g de farine + pour le travail
- 1 cuil. à café de levure chimique
- ½ cuil. à café de bicarbonate de soude
- ½ cuil. à café de sel
- 230 g de beurre ramolli
- 200 g de sucre semoule
- 1 œuf
- 1 ½ cuil. à café d'extrait de vanille
- 2 cuil. à café de colorant alimentaire rouge

POUR LE GLAÇAGE

- 460 g de sucre glace
- 3 cuil. à soupe de préparation pour meringue
- 6 cuil. à soupe d'eau

Dans un cul-de-poule moyen, mélangez la farine, la levure, le bicarbonate de soude et le sel, puis réservez.

À l'aide d'un batteur électrique, mélangez le beurre et le sucre 3 min jusqu'à obtenir une pommade mousseuse. Ajoutez l'œuf, la vanille et le colorant et battez encore 1 min.

Ajoutez petit à petit la farine et mélangez jusqu'à obtenir un résultat homogène. Divisez la pâte en deux, enveloppez les deux moitiés de film alimentaire et mettez-les au réfrigérateur au moins 1 h.

Préchauffez le four à 190 °C (th. 6). En ne travaillant qu'un pâton à la fois et en laissant l'autre au frais, abaissez la pâte jusqu'à obtenir une plaque de 3 mm d'épaisseur. Coupez autant de biscuits que possible avec un emporte-pièce en forme de cœur. Gardez les chutes pour faire une autre fournée. Placez les biscuits sur une plaque à pâtisserie doublée d'un papier cuisson. Ils ne doivent pas se toucher.

Répétez l'opération tant qu'il vous reste de la pâte et enfournez environ 8 min, jusqu'à ce que les biscuits soient dorés. Sortez-les du four et laissez-les refroidir.

Préparez le glaçage. Au batteur électrique, mélangez le sucre, la préparation pour meringue et l'eau, environ 3 min, jusqu'à obtenir une préparation homogène. Si le glaçage vous semble trop épais, allongez-le avec un peu d'eau.

Versez le glaçage dans une poche avec une petite douille ou dans un stylo à décor. Décorez chaque biscuit avec vos citations préférées de la Reine et du Roi de Cœur, dont l'incontournable « Qu'on lui coupe la tête ! » ou « Du calme, ma chère ». Accordez 1 h de prise au glaçage avant de servir.

Bols de terre aux lombrics

PRÉPARATION : 10 MIN | CUISSON : 10 MIN | REPOS : 1 H | POUR 6 PERSONNES

Quand Hadès pousse Hercule à affronter la terrible Hydre, il s'assure d'avoir un petit en-cas afin de profiter au mieux du spectacle, et quel meilleur choix ce dieu vengeur peut-il faire qu'un bon bol de vers bien frais ?

Si vous n'êtes pas le dieu des Enfers, notre recette faite de gâteau au chocolat et de « lombrics » en bonbons vous semblera sans doute plus appétissante que celle du film. Cette douceur vous accompagnera la prochaine fois que vous regarderez un demi-dieu vaincre un monstre mythique, ou juste pour le dessert en conclusion d'un bon dîner.

- 100 g de sucre en poudre
- 25 g de cacao en poudre
- 3 cuil. à soupe de Maïzena
- ¼ de cuil. à café de sel
- 3 jaunes d'œufs
- 360 g de crème fraîche
- 45 cl de lait
- 1 cuil. à café d'extrait de vanille
- 115 g de pépites de chocolat
- 12 cookies au chocolat ou 24 gaufrettes au chocolat écrasés
- 18 vers bonbons

Dans une grande casserole, mélangez le sucre, le cacao, la Maïzena et le sel. En fouettant, incorporez les jaunes d'œufs, la crème et le lait jusqu'à obtenir un résultat homogène.

Faites frémir cette préparation à feu moyen/vif en fouettant sans arrêt et laissez cuire 3 min jusqu'à ce que ce soit bien épais. Sortez du feu, puis ajoutez la vanille et les pépites de chocolat. Mélangez jusqu'à ce que le chocolat ait fondu, puis répartissez dans six bols. Couvrez d'un film alimentaire au contact et mettez au réfrigérateur 1 h.

Au moment de servir, partagez les cookies ou les gaufrettes écrasés entre les bols et jetez quelques vers dans chaque bol. Servez froid.

Sceptres du cobra

PRÉPARATION : 10 MIN | CUISSON : 30 MIN | POUR 12 PIÈCES

Jafar se sert des yeux du serpent de son sceptre pour hypnotiser les gens, afin qu'ils servent ses plans diaboliques, comme quand il force le Sultan à lui accorder la main de sa fille, la Princesse Jasmine. Nos sceptres sont hypnotiques, eux aussi, mais pour une autre raison : ils sont si délicieux qu'il est impossible de leur résister. Essayez et vous verrez !

60 g de beurre

200 g de sucre en poudre

12 cl de sirop de maïs

170 g de lait concentré non sucré

12 sticks de bretzels non salés

320 g de pépites de chocolat

Vermicelles de décoration rouge et or et morceaux de bonbons

Préparez le caramel. Dans une casserole à feu moyen, mélangez le beurre, le sucre et le sirop de maïs. Portez à ébullition en tournant fréquemment.

Incorporez le lait concentré en six à sept fois en remuant 2 min entre chaque ajout. Assurez-vous que la sauce caramel bout durant toute cette phase. Faites cuire en remuant jusqu'à ce que le caramel forme une boule molle. Testez le résultat avec un thermomètre à sucre (113 °C) ou en jetant un petit morceau dans de l'eau et en voyant si vous pouvez encore modeler le caramel après qu'il ait refroidi.

Sortez du feu et laissez refroidir 5 min.

Couvre le plan de travail ou une plaque à pâtisserie d'un papier cuisson. Plongez les deux tiers de chaque stick de bretzel dans le caramel en utilisant une cuillère si nécessaire, et placez-les sur le papier cuisson pour les laisser complètement refroidir. Si le caramel s'étale à la base, tournez délicatement le stick.

Passez les pépites de chocolat au micro-ondes 1 min dans un saladier en verre. Mélangez et remettez au micro-ondes encore 30 s. Mélangez pour que tout soit homogène et recouvrez les parties caramélisées des sticks avec du chocolat, si nécessaire avec une cuillère.
Reposez les sticks sur le papier cuisson, puis décorez-les encore tièdes avec les vermicelles et les morceaux de bonbon. Laissez refroidir complètement et dégustez.

Queues de tigre

PRÉPARATION : 15 MIN | CUISSON : 5 MIN | REPOS : 1 H | POUR 6 PIÈCES

« Tu devrais savoir que tout le monde fuit devant Shere Khan », susurre le tigre menaçant à Mowgli en faisant fouetter sa queue.

Ces queues de tigre inspirées par l'impressionnant fauve sont des marshmallows grillés et plongés dans du chocolat et de la poudre de biscuits sablés. Une version amusante de ceux qu'on grille sur un feu de camp.

- 8 biscuits sablés, style petits-beurre
- 18 marshmallows
- 300 g de pépites de chocolat au lait
- 6 longs piques en bambou
- Huile végétale

Réduisez en poudre les biscuits au pilon ou dans un petit mixeur.

Placez une feuille de papier d'aluminium sur la plaque du four et huilez-la légèrement à l'aide d'un pinceau alimentaire. Placez les marshmallows sur la plaque en laissant 3 cm d'écart entre eux.

Mettez la plaque sous le gril du four, en deux ou trois fournées, selon la taille du four, jusqu'à ce que les marshmallows soient légèrement dorés (2 à 3 min). Ils doivent garder leur forme, mais être un peu grillés. Sortez-les et laissez-les refroidir.

Mettez le chocolat au micro-ondes pendant 45 s. Mélangez, puis ajoutez 45 s. Mélangez à nouveau pour obtenir une consistance homogène.

Plantez 3 marshmallows sur chaque pique. Plongez-les dans le chocolat, puis roulez-les immédiatement dans les brisures de biscuit. Déposez les brochettes de marshmallows sur une plaque à pâtisserie doublée de papier cuisson.

Avec une cuillère, faites couler un trait du chocolat restant sur les brochettes pour obtenir un motif « tigre ».
Mettez au réfrigérateur au moins 1 h.

Cornes diaboliques à la crème

PRÉPARATION : 40 MIN | CUISSON : 20 MIN | POUR 12 PIÈCES

Maléfique, grande maîtresse du mal, sème le chaos et la terreur grâce à ses sorts puissants et ses malédictions. En plus du corbeau qui l'accompagne et de la robe noire qui souligne sa silhouette menaçante, elle est reconnaissable aux deux cornes qu'elle porte sur la tête. Ces cornes à la crème ont elles aussi un petit côté diabolique, car elles sont fourrées d'une crème violette et couverte d'un glaçage noir qui évoque l'apparence iconique de Maléfique.

- 2 rouleaux de pâte feuilletée rectangulaires
- 1 œuf battu avec 1 cuil. à soupe d'eau
- 4 cuil. à soupe de microbilles de sucre noir
- 2 cuil. à café de gélatine
- 3 cuil. à soupe d'eau
- 480 g de crème fraîche
- 50 g de sucre glace
- 2 cuil. à soupe de confiture de mûres
- 1 cuil. à café d'extrait de vanille
- Colorant alimentaire violet en pâte (facultatif)
- 12 mûres
- Spray de démoulage

Préparez les cônes. Pliez une feuille d'aluminium de 30 cm de long en deux pour obtenir un carré de 15 cm de côté, puis roulez-le en forme de cône. Répétez l'opération pour en obtenir douze. Vous pouvez aussi vous servir de cônes de pâtisserie. Mettez du spray de démoulage à l'extérieur.

Déroulez les pâtes feuilletées, puis coupez chacune d'elles en six bandes égales dans la longueur. Abaissez délicatement chaque bande pour l'allonger un peu et la rendre plus souple. Entourez les cônes de ces bandes et pressez-les pour que les biscuits restent hermétiques une fois cuits. Scellez la jointure avec de l'œuf battu. Posez les cônes, jointure vers le bas, sur une plaque à pâtisserie recouverte d'un papier cuisson en les espaçant.

Préchauffez le four à 205 °C (th. 6-7). Avec un pinceau, badigeonnez d'œuf battu la surface visible des cônes (pas le dessous) puis saupoudrez généreusement de billes de sucre noir. Placez un saladier et les fouets de votre batteur au réfrigérateur.

Enfournez les cônes 20 min jusqu'à ce qu'ils soient dorés. Sortez du four et laissez refroidir.

Préparez la crème. Mélangez la gélatine et l'eau dans un récipient allant au micro-ondes. Laissez reposer 5 min, puis passez au micro-ondes 10 s. Mélangez pour obtenir un résultat homogène.

Dans le saladier refroidi, mélangez la crème, le sucre, la confiture et la vanille. Fouettez à vitesse moyenne en versant la gélatine petit à petit, jusqu'à ce que des pointes résistantes se forment. Si vous le désirez, ajoutez du colorant alimentaire pour renforcer la teinte violette. Remettez au frais jusqu'à utilisation.

Juste avant de servir, remplissez de crème une poche à pâtisserie équipée d'une douille en étoile large. Fourrez généreusement chaque corne et décorez-la d'une mûre. Servez immédiatement car, une fois fourrées, les cornes se ramollissent vite.

Cocktails

Déguisement de la mégère

PRÉPARATION : 5 MIN | CUISSON : 10 MIN | POUR 6 PERSONNES

Quand la Méchante Reine comprend que Blanche-Neige est encore vivante, elle file dans son laboratoire souterrain et crée une potion qui changera son apparence afin d'approcher la jeune fille en toute discrétion. « Trouvons une formule pour transformer ma beauté en laideur et changer mon manteau de souverain en haillons. Poussière de momie pour me vieillir. Pour changer ma tenue, du noir nuit. Pour vieillir ma voix, un caquet de vieille mégère. Pour blanchir mes cheveux, un hurlement d'effroi. Un vent de tempête attisera ma haine ! » Le résultat du sort lancé par la reine est le Déguisement de la mégère, une potion qui cache son identité sous l'apparence d'une vieille vendeuse de fruits afin d'offrir à Blanche-Neige la pomme empoisonnée qui la plongera dans un sommeil de mort.

Cette préparation ne vous transformera pas en quelqu'un d'autre, mais répandra chez vous une odeur si délicieuse que vous pourriez la croire magique. Les adultes peuvent ajouter 2,5 cl de rhum brun ou épicé par verre après cuisson.

- 2 l de cidre frais ou de jus de pomme non filtré
- 2 bâtons de cannelle
- 1 orange coupée en rondelles fines
- 4 clous de girofle
- 1 morceau de gingembre frais d'environ 3 cm

Faites frémir tous les ingrédients dans une grande casserole à feu moyen durant 5 min.

Filtrez et servez à la louche dans des chopes. Ajoutez 1 rondelle d'orange selon l'envie et dégustez encore chaud.

Anastasie & Javotte

PRÉPARATION : 5 MIN | POUR 2 PERSONNES

Anastasie et Javotte, les demi-sœurs malfaisantes de Cendrillon, déchirent sa robe avant de partir au bal. Bien que les leurs, l'une rose, l'autre verte, n'aient pas été confectionnées par des oiseaux et des souris, elles comptent sur leurs tenues pour attirer les regards. Ces cocktails sans alcool reflètent les personnalités des deux harpies, car ils sont hauts en couleur et peu sucrés (donc pas vraiment doux). Les adultes peuvent ajouter 5 cl de gin ou de vodka pour obtenir un cocktail d'été rafraîchissant.

POUR LE SIROP

100 g de sucre en poudre

10 cl d'eau

ANASTASIE

2 quartiers d'orange
+ 1 pour la décoration

3 fraises

2,5 cl de sirop

Eau pétillante

JAVOTTE

1 quartier de citron
+ 1 pour la décoration

2 rondelles de kiwi pelé

4 myrtilles

2,5 cl de sirop

Eau pétillante

Préparez le sirop. Faites bouillir l'eau et le sucre dans une petite casserole en remuant, jusqu'à ce que le sucre soit dissout. Sortez du feu et laissez refroidir.

Pour les deux boissons, pressez les agrumes dans un grand verre. Ajoutez le sirop et les fruits qui correspondent à chaque recette. Mélangez à la cuillère jusqu'à ce que la chair du fruit soit passée dans le liquide. Si vous préférez une boisson sans morceaux de fruits, pilez-le dans un verre et versez le jus dans le verre de service en le passant au tamis.

Remplissez le verre de glace, puis ajoutez de l'eau gazeuse jusqu'au bord. Mélangez un peu et ajoutez 1 quartier d'agrume.

Shiny Tai

PRÉPARATION : 5 MIN | POUR 1 VERRE

Comme il le chante à Vaiana et Maui dans sa tanière sous-marine, pour Tamatoa « il vaut mieux briller comme le trésor d'un pirate abandonné. Bien frotter, jusqu'à le voir briller, scintiller comme un collier de pierres nacrées ».

Ce Shiny Tai est une version sans alcool du Mai Tai, une boisson fruitée qui donne l'impression de voguer sur les sept mers. Les paillettes comestibles font luire les glaçons lumineux, et les jus de fruits vous laisseront croire que vous êtes en vacances, ne serait-ce que pour un instant.

6 cl de jus d'ananas
6 cl de jus d'orange
Le jus de 1 citron vert
3 cl de sirop d'orgeat
Glace pilée
2 feuilles de menthe en décoration
Paillettes alimentaires dorées

Trempez le bord du verre à whisky dans le jus de citron, puis dans les paillettes alimentaires. Placez au frais quelques minutes.

Mélangez au shaker tous les jus et le sirop avec de la glace. Secouez jusqu'à ce que le mélange soit bien refroidi.

En retenant la glace avec un tamis, versez dans le verre à whisky givré et rempli de glace pilée.

Écrasez la menthe entre vos mains un instant pour en exhaler les essences. Ajoutez-la dans le verre et servez. Pour plus de brillance, ajoutez 1 glaçon dans le verre et saupoudrez-le d'un peu de paillettes alimentaires.

Frozé rouge à cœur

PRÉPARATION : 5 MIN | POUR 2 VERRES

Ayant planté par accident des roses blanches au lieu de roses rouges, les Cartes Soldats tentent de réparer leur erreur avant que la Reine de Cœur ne s'en rende compte. « Si elle voit un rosier blanc, elle nous trancherait le cou, chantent-ils. Alors d'une main tremblante, nous peignons les rosiers blancs. »

Cette variation sur le thème du frozé s'articule autour de fruits frais et de jus de fruits pour recréer l'impression d'un cocktail à base de vin, mais sans alcool. Les adultes peuvent remplacer la limonade par du rosé et un trait de vodka.

- 150 g de fraises surgelées
- 25 cl de limonade à la fraise
- Le jus de 1 orange
- 8 glaçons
- 1 fraise fraîche coupée en deux

Rassemblez tous les ingrédients dans un blender et mélangez jusqu'à obtenir un résultat onctueux. Répartissez dans deux verres et décorez de 1 demi-fraise.

À SAVOIR : Les fraises sont une excellente source d'antioxydants ainsi que de nutriments vitaux comme le manganèse et le potassium.

Index par ingrédient

À propos de l'auteure

Julie Tremaine a signé des guides culinaires et de voyage et a écrit au sujet des parcs à thème pour *Travel + Leisure, CNN Travel, Forbes, The Takeout* et *Glamour.* Elle est aussi rédactrice pour le site SFGate consacré à Disneyland. Autrice de *Supernatural : The Official Cookbook,* elle a contribué aux recettes de *The Office : The Official Party Planning Guide to Planning Parties* et fut co-autrice avec la chercheuse en paranormal Amy Brun de *Life with the Afterlife : 13 Truths I've Learned about Ghosts.* Quand elle n'est pas à Los Angeles, en Californie, ou à Providence, dans l'état du Rhode Island, on peut la trouver à Epcot, dans l'attraction World Showcase. Vous trouverez des articles de Julie sur le site Travel-Sip-Repeat.com.

Remerciements

J'ai écrit et cuisiné pour cet ouvrage aux quatre coins du pays et je n'aurais pas pu mener ce projet à bien sans ma mère, Beth-Anne Tremaine, qui a toujours répondu présent pour m'aider, spatule à gâteau en main. Merci à l'auteur de livres de recettes Paul Ferstein et à la spécialiste de Disney Kristen Carr pour leurs nombreuses suggestions créatives, à Buddy et Ginny Tremaine qui m'ont permis de tester mes recettes dans leur cuisine, à Jill Gagnon et Danny O'Neill pour les suggestions de vins en accord et à mes amis du collectif Fountain Avenue pour leur grand appétit et leurs critiques sincères. Ensemble, nous avons réussi quelque chose de diaboliquement délicieux.

POUR LA VERSION ORIGINALE
Livre publié pour la première fois aux États-Unis, en 2021, sous le titre *Disney Villains, Devilishly Delicious Cookbook* par Insight Editions, San Rafael, California.

58, rue Jean Bleuzen – 92178 Vanves Cedex

Direction : Catherine Saunier-Talec
Directeur de projet : Antoine Béon
Responsable de projet : Anne Vallet
Traduction : Xavier Hanart
Mise en page : Nord Compo
Fabrication : Anne-Laure Soyez

Dépôt légal : novembre 2021
68-2831-7/01
ISBN : 978-2-01-946051-8
Imprimé en Espagne par Estella Graficas